人大·档案·记忆

第一辑

中国人民大学档案馆◎编

李　惠◎主　编
蒋利华◎副主编

中国人民大学出版社
·北京·

前　言

中国人民大学的前身是1937年在延安成立的陕北公学，以及后来的华北联合大学和华北大学。1949年12月，中央人民政府决定以华北大学为基础，成立中国人民大学。1950年10月3日，中国人民大学举行开学典礼。从“中国不会亡，因为有陕公！”（1937年，毛泽东）到“按照中国人民大学的样子来办”（1950年，刘少奇），中国人民大学为我国哲学社会科学的发展和繁荣，为社会主义革命、建设和改革事业做出了重要贡献，被誉为“我国人文社会科学高等教育领域的一面旗帜”。

中国人民大学档案馆成立于1954年3月，是新中国最早成立的高校档案馆。馆藏档案包括陕北公学、华北联合大学、华北大学、北方大学、中国人民大学各主要历史时期不同载体的档案16万卷。这些档案真实记录了中国人民大学及其前身时期“始终与党和国家同呼吸共命运”的责任与担当，记录了人大师生“始终奋进在时代前列”的光荣与豪迈。作为中国共产党亲手创办的第一所新型正规大学，中国人民大学在新中国高等教育体系中，无疑具有独特而重要的地位，从这个角度看，馆藏档案也成为中国共产党创办高等教育的理论与实践的珍贵史料。

在中国人民大学80周年校庆来临之际，我们以20世纪50年代中国人民大学命名组建初期为节点，从馆藏档案中选取了近百份档案，以档案人的视角进行了解读，编辑成册。希望通过档案这一真实、原始的记录，回顾那段充满创业激情的岁月，不忘初心，汲取继续前行的力量。本书所有文章均由我馆人员撰写，独立成篇，为保持文章的逻辑完整，对于部分文章重复采用的重要史实，没有做硬性删减或统一；文中所依据的档案，均出自我馆馆藏，大部分为原件，也包括少量抄录件和图片；本书定位于档案解读，不属于全文公开，如需查考研究，仍以档案原件为准。

“人事有代谢，往来成古今。”时代走远了，年华老去了，幸好，还有档案。

编者

2017年5月

目 录

新国家，新大学

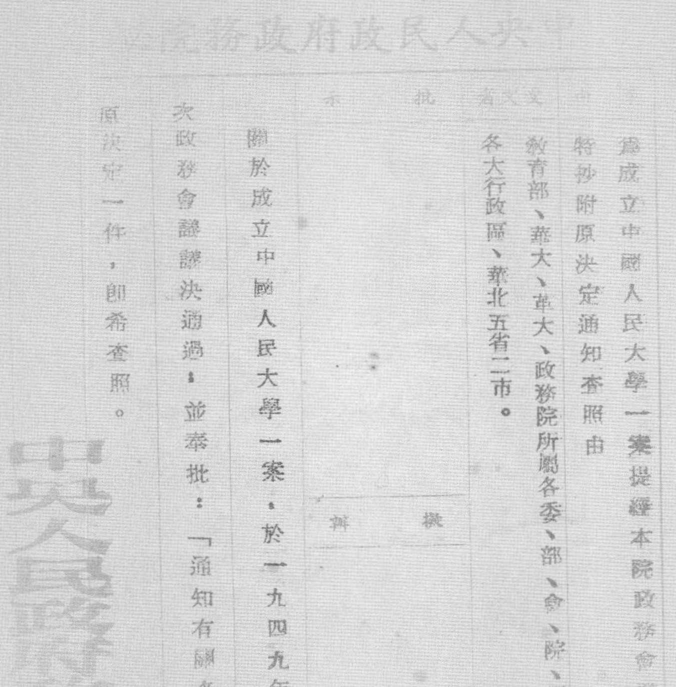
中央人民政府政務院箋

為成立中國人民大學一案提經本院政務會議通過

特抄附原決定通知查照由

教育部、華大、革大、政務院所屬各委、部、會、院、署、行、

各大行政區、華北五省二市。

關於成立中國人民大學一案，於一九四九年十二月十六

次政務會議議決通過，並奉批：「通知有關各方各地

原決定一件，即希查照。

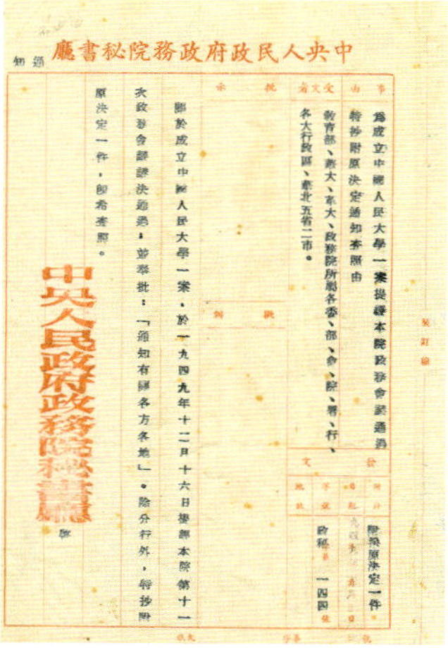

中央人民政府政務院秘書廳 通知

事由：為成立中國人民大學一案提經本院政務會議通過特抄附原決定通知查照由

受文者：教育部、華大、革大、政務院所屬各委、部、會、院、署、行、各大行政區、華北五省二市。

附件：附抄原決定一件

發文：政秘字一四四號

關於成立中國人民大學一案，於一九四九年十二月十六日提經本院第十一次政務會議討論通過，並奉批：「通知有關各方各地」。除分行外，特抄附原決定一件，即希查照。

中央人民政府政務院秘書廳

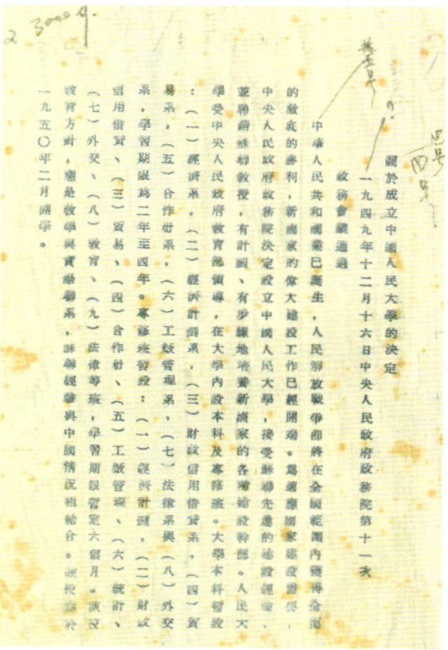

關於成立中國人民大學的決定

一九四九年十二月十六日中央人民政府政務院第十一次政務會議通過

中華人民共和國業已誕生，人民解放戰爭即將在全國範圍內獲得全面的徹底的勝利，新國家的偉大建設工作已經開端。為適應國家建設需要，中央人民政府政務院決定設立中國人民大學，接受蘇聯先進的建設經驗，並聘請蘇聯教授，有計劃、有步驟地培養新國家的各種建設幹部。人民大學受中央人民政府教育部領導，在大學內設本科及專修班。大學本科暫設：（一）經濟系，（二）經濟計劃系，（三）財政信用借貸系，（四）貿易系，（五）合作社系，（六）工廠管理系，（七）法律系與（八）外交系，學習期限為二年至四年。專修班暫設：（一）經濟計劃，（二）財政信用借貸，（三）貿易，（四）合作社，（五）工廠管理，（六）統計，（七）外交，（八）教育，（九）法律等班，學習期限暫定六個月。該校教育方針，應是教學與實際聯系，蘇聯經驗與中國情況相結合。該校擬於一九五〇年二月開學。

政务院秘书厅下发《关于成立中国人民大学的决定》

档号：1950-XZ11-XB-2.0001

1949年12月16日，中央人民政府政务院第十一次政务会议通过《关于成立中国人民大学的决定》，12月20日，政务院秘书厅奉批通知“教育部、华大、革大、政务院所属各委、部、会、院、署、行、各大行政区、华北五省二市”。至此，中国人民大学经过约四个月的紧张筹备，宣告成立。

该《决定》现珍藏于学校档案馆，凡360字，阐明了人民大学与人民共和国同呼吸、共命运的成立背景和适应新国家建设需要之办学目的，确定人民大学的教育方针，“应是教学与实际联系，苏联经验与中国情况相结合”，明确了学校的建设途径、人才培养层次、科系设置和相应学制。馆藏记录中国人民大学创办过程的档案还有刘少奇给毛主席和中央政治局的亲笔信、《中国人民大学本科第一学期及第一期训练班教育方针和计划（草案）》、《关于人民大学筹备工作的报告》、教育部转发任命吴玉章为校长的政务院政人字第五二号令、《中央人民政府教育部关于中国人民大学实施计划的决定》、《中央关于成立中国人民大学的指示》以及校领导吴玉章、胡锡奎、成仿吾给刘少奇的信函及批复等。这组档案忠实记录了中国人民大学的筹建过程，体现了党和国家对学校的深切关怀和重托，赋予了学校无愧于伟大时代的伟大使命。这组档案，与共和国同龄，与学校同龄，包括给党中央的报告、政府正式文件、党和国家领导人的指示，既有油印件，也有手迹，是档案馆最珍贵的收藏。

1949年7、8月间，人民解放战争基本获得胜利，新国家的建设工作即将开始，党中央开始谋划建立一所培养新国家建设干部的新式大学，改造旧教育，发展新教育。1949年8月，刘少奇访问苏联，和斯大林达成共识，并经毛泽东同意，由苏联帮助中国在北京创办一所正规大学，即中国人民大学。随即，党中央成立了由陆定一、钱俊瑞、吴玉章、成仿吾、范文澜、薛暮桥、陈伯达、王明、谢觉哉等组成的中国人民大学筹备委员会。这个委员会汇聚了中宣部、教育

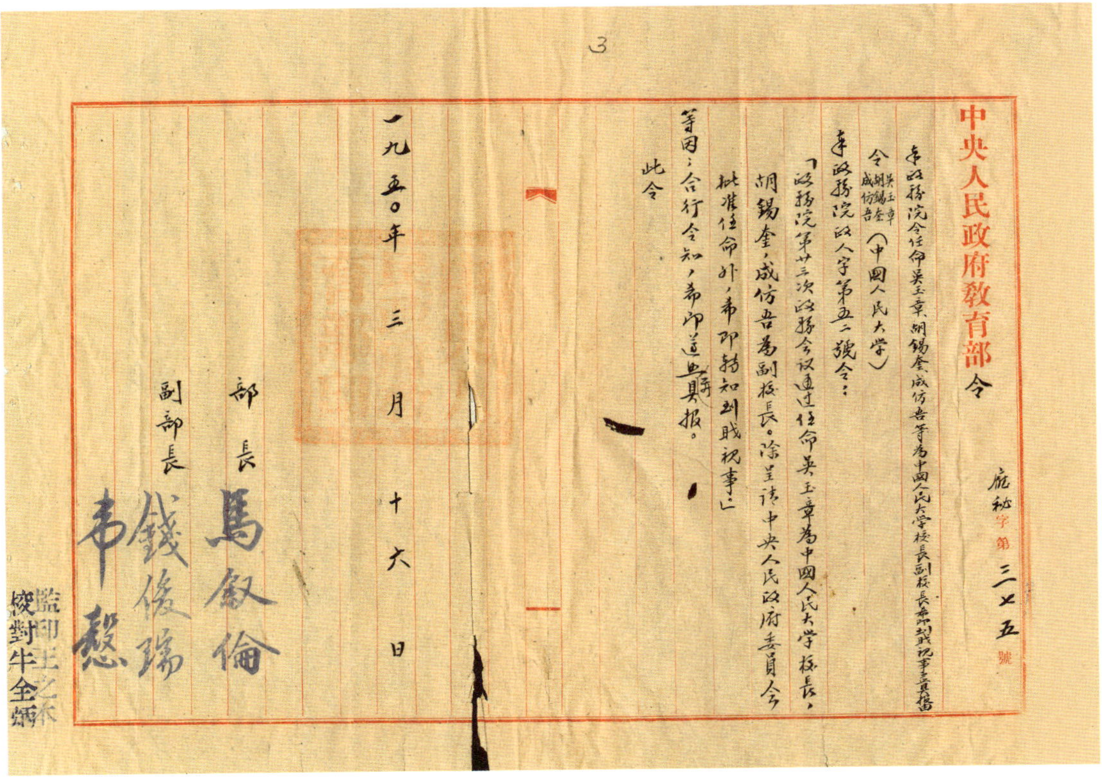

中央人民政府教育部令

庶秘字第二一七五號

奉政務院令任命吳玉章、胡錫奎、成仿吾等為中國人民大學校長副校長希即到職視事並具報由

令吳玉章 胡錫奎 成仿吾（中國人民大學）

奉政務院政人字第五二號令：

「政務院第廿三次政務會議通過任命吳玉章為中國人民大學校長，胡錫奎、成仿吾為副校長。除呈請中央人民政府委員會批准任命外，希即轉知到職視事」

等因；合行令知，希即遵照具報。

此令

部長 馬敘倫

副部長 錢俊瑞 韋慤

一九五〇年三月十六日

監印 王之禾 校對 牛全炳

教育部转发任命吴玉章为校长的政务院政人字第五二号令

档号：1950-XZ11-XB-2.0002

部、内务部和政务院文教委、政法委、财经委等相关部委负责人和党内最著名的教育家、理论家，在苏联顾问费辛科和菲里波夫的协助下，立即开始了筹备工作。筹备委员会提议以华北大学为基础，合并中国政法大学作为人民大学的法律系，抽调原华北人民革命大学的部分干部，成立中国人民大学。筹备委员会拟定了《中国人民大学本科第一学期及第一期训练班教育方针和计划（草案）》，于1949年11月12日，提交刘少奇。筹备委员会为人民大学拟定的教育方针是“接受苏联先进的建设经验，并聘请苏联教授，有计划、有步骤地培养新国家的各种建设干部”，规定人民大学设八个本科系和九个训练班（即专修科），学制分别为两年至四年和六个月，另附设俄文专修班和政治研究所，学制为半年到一年。这个计划设计了人民大学的组织机构，即教务部、研究部、行政事务部、六个研究室（马列主义研究室、财经研究室、法律外交研究室、教育研究室、中国问题研究室、俄文研究室），就课程与教材、招生规模与生源条件也提出了具体设想。11月12日当天，刘少奇即致信毛主席和中央政治局各同志，“认为这个计划的执行虽有困难，但是可以执行的”，“请政治局即日审查这个计划，并予以批准，然后提交政务院通过施行”。中央政治局基本采纳了筹备委员会的计划。1949年12月16日，政务院第十一次政务会议通过《关于成立中国人民大学的决定》，这份《决定》将中国人民大学的教育方针确定为“教学与实际联系，苏联经验与中国情况相结合”，而筹备委员会拟定的教育方针被修正为办学途径和方法。三天后，教育部颁布了《关于中国人民大学实施计划的决定》，1950年1月，党中央下发了《关于成立中国人民大学的指示》，指出“人民大学的创办，是一件大事”，要求各中央局、分局令各级党委保证人民大学招生完满成功。1950年2月19日，中央人民政府委员会第六次会议通过，任命吴玉章为中国人民大学校长，胡锡奎、成仿吾为副校长，3月16日，教育部以厅秘字第三七五号教育部令的形式转发。

3月13日，中国人民大学首次招收的本科生在铁狮子胡同校舍正式开课，吴玉章校长在第一次学生大会上发表讲话，号召全体同学“用积极的革命的行动、正确的态度”克服困难，努力学习，成为新中国建设的生力军。

从此，中国人民大学这所新国家的新大学，在党中央的亲切关怀下，在吴玉章老校长等人的领导下，在政府有关部门的积极支持下，在苏联专家的热忱帮助下，紧紧围绕“培养万千建国干部”的中心任务，秉承实事求是的优良作风，发扬艰苦奋斗的光荣传统，理论联系实际，创造性地把中国实际和苏联经验相结合，迅速成为新中国高等教育的炫目旗帜和光辉典范。

（李惠）

1950年那场聚会

1950年10月开学典礼会场

1950年10月3日，就在中华人民共和国第一个国庆节的喜悦与自豪中，中国人民大学隆重举行了第一次开学典礼。位于铁狮子胡同1号院的大操场，“环境刷新、场地垫平”、红旗风舞、整治一新。临时搭建的主席台上方悬挂着毛泽东和斯大林的画像，刘少奇、朱德、董必武、徐特立等党和国家领导人及各界来宾出席典礼，与中国人民大学全体师生共同庆祝这项新中国高等教育史上具有里程碑意义的盛事。

关于开学典礼的筹备过程，从学校档案馆馆藏校行政会议记录中可以比较清晰地追溯。1950年6月2日，吴玉章校长主持召开第十次校行政会议，正是这次会议，第一次把开学典礼作为“讨论决议事项”之一，因为“九月以前苏联专家全部可到，九月一日专修科亦正式开课”，会议决定“那时才举行开学典礼”。

1950年9月4日，吴玉章校长主持第十九次校行政会议，“决定十月三日正式举行开学典礼，即组织筹备委员

吴玉章在开学典礼上讲话
档号：1950-SX12.11-25

会，由阎子元同志任主任，李新、于光甫二同志参加为委员，并吸收青年团、学生会、工会、文工团各派人参加筹备会的工作”。

9月12日，筹备委员会召开第一次会议，委员扩大为九人，建立了组织体系，设秘书处、组织处、设计处、总务处、宣传处，迅速投入各项筹备工作。此后，第二十一次、二十二次校行政会议对开学典礼进行了周密安排，具体涉及经费预算、场地选择、来宾名单、主席团构成、宣传报道、活动日程等问题。根据10月5日撰写的开学典礼工作总结报告，“此次开学典礼筹备工作较早，力量组织比较多（原稿不清晰）与全面，分工比较细密，领导抓得较紧，参加大会工作的同志又都积极热情与重视这一工作，全校学工人员又都服从指挥，表现了高度的组织性纪律性，整个大会呈现严肃与隆重的气氛，……故我们认为这次是胜利地较完满地完成了这一任务”。

翻阅档案，可以得知此次开学典礼首先是一场欢欣鼓舞的聚会。筹备期间，恰逢新中国第一个国庆日，举国上下沉浸在建设新中国的喜悦之中，校内一系列欢度国庆的筹备及组织工作已经为开学典礼营造了聚会的氛围，而来我国参加国庆一周年活动的世界民主青年联盟代表团也在此时访问中国人民大学，为开学典礼平添了世界青年大联欢的青春洋溢。10月2日晚，作为开学典礼的前奏，学校组织了戏剧晚会，文工团与本科同学同台演出《全家光荣》，部分已经分配到外地的文工团员也应邀回校参加了演出，受到师生的热烈欢迎。开学典礼的当天上午，学校举行了师生篮球赛，苏联专家和中国学生球场炫技引来无数喝彩。当晚放映露天电影《和平克服战争》《神秘森林》，观众达到2 000人。开学典礼现场既隆重又热烈，国家领导人、政府有关部门负责同志、外国使节、苏联专家、全校师生共同祝福新中国第一所新型正规大学的美好未来，连毛泽东和斯大林也以大会主席团名誉主席的名义参与这场盛会。“为中国人民大学的创立向全国人民祝贺！”“努力学好本领，准备参加伟大的建设事业！”“迎接新中国经济建设！迎接经济建设高潮的到来！”等大会标语充分体现出创办中国人民大学对新中国高等教育和经济建设的重大意义。

刘少奇在开学典礼上发表重要讲话，道出了开学典礼引领明天的意义：“这个大学是我们新中国办的第一所新式大学，是中国历史上前所未有过的大学，中国将来的许多大学都要学习我们中国人民大学的经验，按照中国人民大学的样子来办。”根据国家制定的办学方针，中国人民大学结合中国情况学习苏联先进经验，理论联系实际，不负重托，成为改造旧教育，发展新教育的典范。1954年4月，高教部召开“中国人民大学教学经验讨论会”，总结并在全国推广中国人民大学八个方面的办学经验。中国人民大学始终奋进在时代前列，代表着新中国对高等教育

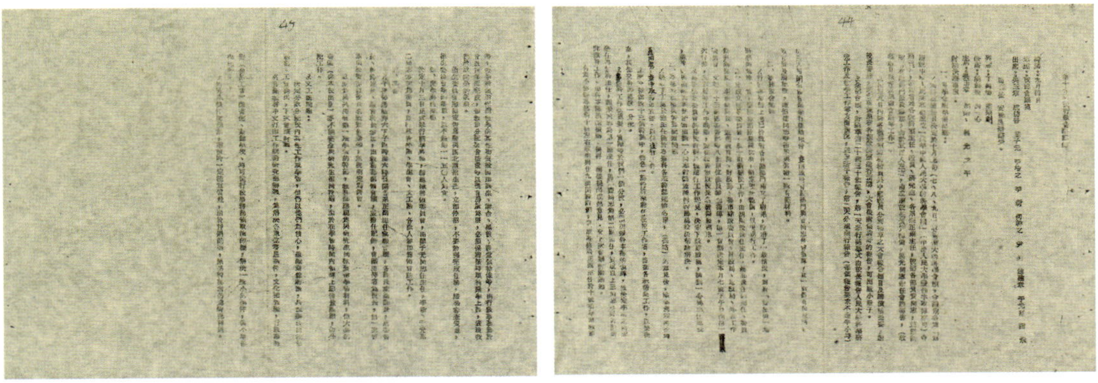

第十九次校行政会议记录
档号：1950–XZ11–XB–15.0019

的探索，代表着前所未有的办学模式和发展道路，为工农子弟接受高等教育、为培养万千建国干部、为马克思主义在中国的传播和普及、为新中国人文社会科学高等教育事业、为结合中国实际学习借鉴国外高等教育先进经验做出了开创性的历史贡献，最终发展成为我国人文社会科学高等教育的一面旗帜。

（李惠）

“按照中国人民大学的样子来办”

2010年9月9日，第26个教师节前夕，时任中共中央总书记胡锦涛到中国人民大学考察。在考察过程中，胡锦涛总书记两次向学校师生强调指出“中国人民大学是我们党创办的第一所新型大学”，并对学校的发展建设给予高度评价。虽然人民大学的学校简介很早就有如此表述，但这句话从当时的党和国家最高领导人口中说出，仍然具有非同一般的意义。有人还曾提出疑义，问这句表述是否有出处？实际上，这句话就出自整整六十年前，1950年10月3日，时任中央人民政府副主席的刘少奇在中国人民大学开学典礼上发表的重要讲话①。他的原话是：“中国人民大学今天开学了。这个大学是我们新中国办的第一所新式大学，是中国历史上前所未有过的大学，中国将来的许多大学都要学习我们中国人民大学的经验，按照中国人民大学的样子来办。”

这番话是刘少奇作为党和国家领导人对中国人民大学的地位的高度肯定，也表明了他对人民大学的重视和寄予的厚望。遍寻中国各高校的校史，几乎再无其他高校能得到党和国家领导人与此类似的评价。由于刘少奇在“文革”期间蒙冤离世，他在人民大学筹建和初创阶段的重大功绩以及他关于人民大学的重要讲话，在相当长一段时间并未得到重视，也没有为社会所周知。虽然这篇他在人民大学开学典礼上的重要讲话没有被收录于《刘少奇选集》，但在中国人民大学档案馆馆藏档案中，却有一份珍贵的刘少奇讲话整理稿，留下了这篇在人民大学校史上具有至关重要的意义、对中国高等教育也具有非同寻常意义的重要讲话。

1950年10月3日，中国人民大学开学典礼在铁狮子胡

---

① 该讲话全文收录于《刘少奇论教育》（中共中央文献研究室刘少奇研究组、中央教育科学研究所编，教育科学出版社，1998年10月第1版）。

同1号（现张自忠路3号，清海军部、陆军部旧址）隆重举行。除刘少奇外，中央人民政府副主席朱德、教育部部长马叙伦、学校苏联顾问安德里昂诺夫出席典礼并讲话。参加典礼的还有中央人民政府副主席张澜，秘书长林伯渠，中央人民政府委员何香凝、司徒美堂、彭泽民、章伯钧、徐特立、谢觉哉，政务院副总理董必武及各部、院、署领导，北京各大学校长，来京参加国庆典礼的各地少数民族代表和其他来宾，苏联专家及全体师生员工4 000余人，可谓盛况空前。此前，1949年12月11日，中共中央政治局作出《关于在北京成立中国人民大学的决定》，决定以华北大学为基础，合并中国政法大学，从华北人民革命大学抽调部分干部，创立中国人民大学；12月16日，根据中共中央政治局的建议，中华人民共和国中央人民政府政务院第十一次政务会议通过了《关于成立中国人民大学的决定》，经过一段时间的筹建，校址、校舍基本安排妥当，师资也配备完成，学生也已经过招生正式到校，故后来也把1950年10月3日作为中国人民大学正式命名组建的时间。因此，刘少奇在这一天发表的讲话几乎就是创建人民大学的纲领性文件。

刘少奇讲话整理稿约4 200字，篇幅虽不长，却很务实，可谓字字珠玑。讲话一开篇便是前述的那段话，对人民大学的地位作了极高的评价，特别是“中国将来的许多大学都要学习我们中国人民大学的经验，按照中国人民大学的样子来办”这句话，不少在现场聆听了刘少奇讲话的老教授在六十多年后依然能够记得这句话，依然感到振奋不已。

随后，刘少奇比较了资本主义教育和社会主义教育的异同。他指出，过去的旧大学是按照资本主义国家办大学的方式办立的大学，它们的教育是资本主义的教育，是为资产阶级服务的，而新中国成立后，我们的国家是为工农

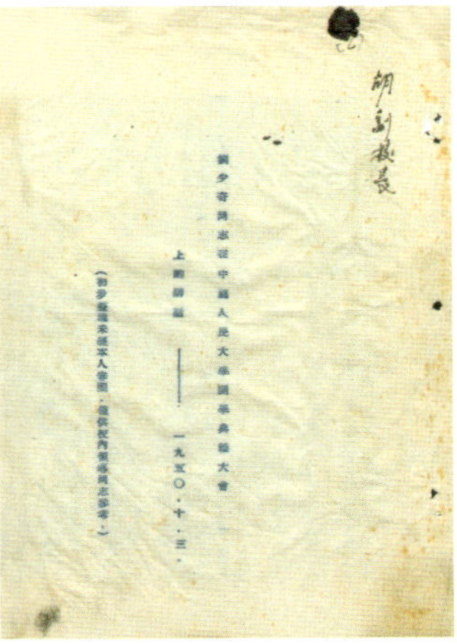
胡副校長

劉少奇同志在中國人民大學開學典禮大會上的講話

——一九五〇·十·三·

刘少奇在中国人民大学开学典礼上的讲话整理稿

档号：1950-XZ11-XB-3.0002

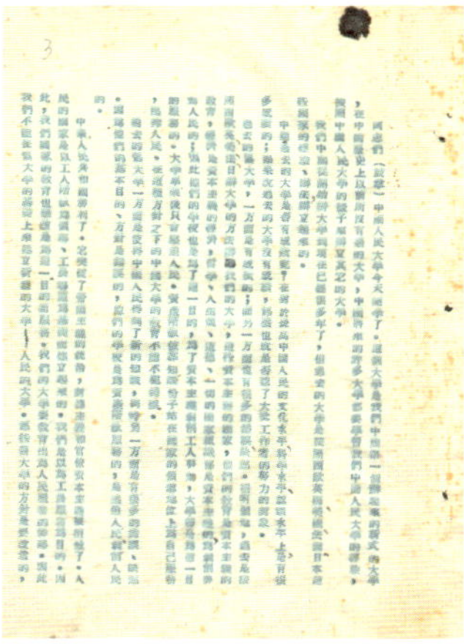

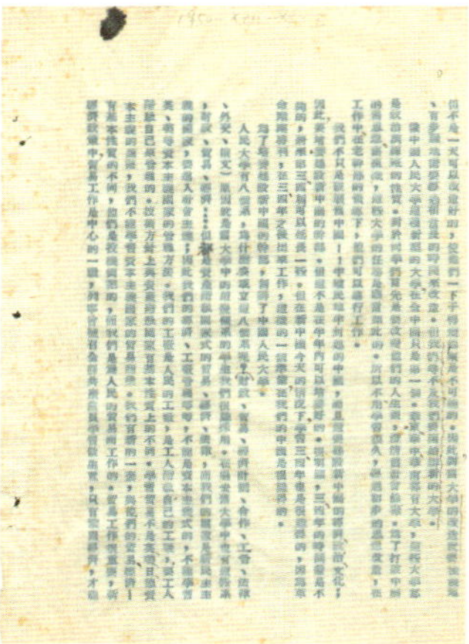

刘少奇在中国人民大学开学典礼上的讲话整理稿
档号：1950-XZ11-XB-3.0002

服务的，我们国家的教育也应该是为这一目的而服务，要教育出为人民服务的干部。旧大学的方针需要慢慢地、有步骤地经过相当长的时间来改造，但“我们等不及了，我们要开始办新的大学”。他指出，中国人民大学这种新型的大学，对于学生首先是要改变他们的人生观，肃清旧社会余毒，让他们可以参加到新中国建设工作中来。

他强调指出，“为了培养建设新中国的干部，我们创办了中国人民大学”，并阐释了人民大学学科、专业设置的原因。成立财政信用、贸易、经济计划、合作社、工厂管理、法律、外交、俄文八大系，是因为这些专业的特殊性，中国进行社会主义建设，向苏联学习相关经验，需要大批这样的专门人才。我国的贸易、经济与资本主义国家的贸易、经济有基本性质的不同，这些科学知识只有苏联才有，因为苏联也是社会主义国家，对中国来说，苏联这些科学知识很适用。而物理、化学、机械、电气这样的专业，其他大学也可以办，“这样的分工对国家是有利的”。

刘少奇也指出了学校工作中面临的困难，比如组织机构和组织领导方面还不够健全，需要加强政治思想领导，另外尽管请来了苏联专家，但语言不通，授课、交流都存在问题，这也是最大的困难。他指出，由于语言不通，需要通过翻译，翻译得不好、不准确就难免会打很多折扣，甚至可能翻译成完全相反的意思。但中国的语言很难学，不可能要求苏联专家学中文，因此只能要求我们自己、要求学校学生要赶快学好俄文。他要求学校要加快培养翻译，要尊重从事翻译工作的同志，大力支持他们的工作。

刘少奇以他自己在苏联学习的亲身经历，谈了翻译中的几个具体问题，要求俄文教研室要对翻译质量精益求精，一些专有名词要参考其他国家的译文，进行对照参考研究，把这些翻译的名词固定下来。还有一些苏联创造的“社会主义的新名词”，要加以研究并固定下来，“以人民大学为领导，创造一些新的语汇，使之在社会上流行”。

刘少奇对人民大学的学生提出了具体要求，要求同学们戒骄戒躁，避免在其他大学生面前盛气凌人。他还提出与其他高校相比，人民大学还有一些不足，比如在人民大学用俄文授课，不能直接听讲，而其他高校可以用英文直接听讲，而且在理论方面也有它们的长处。所以“人民大学的水准将来还要提高”，现在“粗浅一些符合我们现在的实际，能多学知识，这样也就能有成绩，有进步，水准就能提高，就能培养出干部”。

他提出，“希望人民大学的同志们根据这样的方针，恪守自己的工作岗位，教员要完成教学任务，学生要完成学习任务”，要求大家“团结起来互相帮助，领导上要团结，工作人员与学生要团结”，“以实事求是的精神学习、工作”，为“建设一个富强、独立、和平、民主的新中国”做出贡献。他最后对人民大学的学生再次提出了要求，虽然国家经济状况不好，但仍然拿出有限的资源建立人民大学，供养人民大学的学生学习，因此，“希望你们不要辜负人民对你们的期望，很好地学习和工作”。

刘少奇的讲话非常务实，既有宏观背景的阐释，也有微观工作的布置，为学校命名组建之初的工作作了具体安排。建校之初，人民大学就成为全国高校的典范，在学习苏联经验方面取得了显著成果，在全国高等教育界取得了独一无二的地位，其中原因从刘少奇的这篇重要讲话中也能找到一部分答案。六十多年后重温刘少奇的这篇重要讲话，虽然时过境迁，很多情况已经大为改变，但精神内核不变。刘少奇关于人民大学的建设要契合国家建设、社会发展的思想，要博采众家之长、引领社会潮流的思想，对

刘少奇在中国人民大学开学典礼上的讲话整理稿
档号：1950-XZ11-XB-3.0002

于人民大学的学生要牢记社会责任，实事求是地工作、学习的要求，在今天依然闪耀着智慧的光芒。“按照中国人民大学的样子来办”，是刘少奇对人民大学的殷切期望，寄托了他对学校的深厚感情，也将成为激励全校师生建设“人民满意，世界一流”大学的不竭动力！

（蒋利华）

第一份招生简章

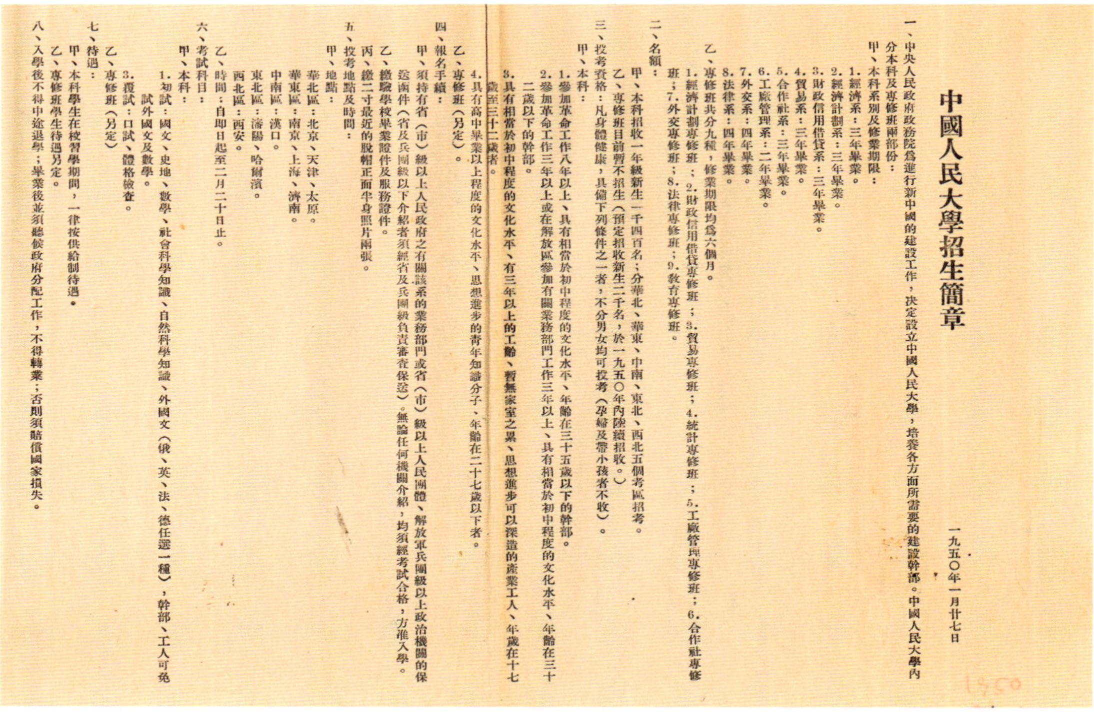

中國人民大學招生簡章

一九五〇年一月廿七日

一、中央人民政府政務院爲進行新中國的建設工作，決定設立中國人民大學，培養各方面所需要的建設幹部。中國人民大學內分本科及專修班兩部份：

甲、本科系別及修業期限：

1.經濟系：三年畢業。
2.經濟計劃系：三年畢業。
3.財政信用借貸系：三年畢業。
4.貿易系：三年畢業。
5.合作社系：三年畢業。
6.工廠管理系：二年畢業。
7.外交系：四年畢業。
8.法律系：四年畢業。

乙、專修班共分九種，修業期限均爲六個月。

1.經濟計劃專修班；2.財政信用借貸專修班；3.貿易專修班；4.統計專修班；5.工廠管理專修班；6.合作社專修班；7.外交專修班；8.法律專修班；9.教育專修班。

二、名額：

甲、本科招收一年級新生一千四百名；分華北、華東、中南、東北、西北五個考區招考。

乙、專修班目前暫不招生（預定招收新生二千名，於一九五〇年內陸續招收。）

三、投考資格：凡身體健康，具備下列條件之一者，不分男女均可投考（孕婦及帶小孩者不收）。

甲、本科：

1.參加革命工作八年以上、具有相當於初中程度的文化水平、年齡在三十五歲以下的幹部。
2.參加革命工作三年以上或在解放區參加有關業務部門工作三年以上、具有相當於初中程度的文化水平、年齡在三十二歲以下的幹部。
3.具有相當於初中程度的文化水平、有三年以上的工齡、暫無家室之累、思想進步可以深造的產業工人、年歲在十七歲至三十二歲者。
4.具有高中畢業以上程度的文化水平、思想進步的青年知識分子、年齡在二十七歲以下者。

乙、專修班（另定）。

四、報名手續：

甲、須持有省（市）級以上人民政府之有關該系的業務部門或省（市）級以上人民團體、解放軍兵團級以上政治機關的保送函件（省及兵團級以下介紹者須經省及兵團級負責審查保送）。無論任何機關介紹，均須經考試合格，方准入學。

乙、繳驗學校畢業證件及服務證件。

丙、繳二寸最近的脫帽正面半身照片兩張。

五、投考地點及時間：

甲、地點：

華北區：北京、天津、太原。
華東區：南京、上海、濟南。
中南區：漢口。
東北區：瀋陽、哈爾濱。
西北區：西安。

乙、時間：自即日起至二月二十日止。

六、考試科目：

甲、本科：

1.初試：國文、史地、數學、社會科學知識、自然科學知識、外國文（俄、英、法、德任選一種），幹部、工人可免試外國文及數學。
3.覆試：口試、體格檢查。

乙、專修班（另定）

七、待遇：

甲、本科學生在校習學期間，一律按供給制待遇。

乙、專修班學生待遇另定。

八、入學後不得中途退學；畢業後並須聽候政府分配工作，不得轉業；否則須賠償國家損失。

1950年1月27日，中国人民大学第一份招生简章

档号：1950-JX13-A-1

中国人民大学因其创办时的历史背景、特殊地位和特殊作用，在招生方面也有着特殊的安排。1949年12月11日，中共中央政治局作出《关于在北京成立中国人民大学的决定》；12月16日，中央人民政府政务院第十一次政务会议据此通过了《关于成立中国人民大学的决定》；1950年1月3日，中央人民政府重工业部、燃料工业部、纺织工业部、轻工业部、铁道部、邮电部、交通部和中华全国总工会发出联合通知，分配各地区各产业职工进入本期中国人民大学学习的名额；1月23日，中共中央正式发出《关于成立中国人民大学的指示》，明确指出：“中国人民大学的创办，是一件大事，各地党①必须保证该校本科此次招生的完满成功”，“有关各项由各中央局、分局令各级党委保证实现”。在中央如此高度的重视和紧凑的时间安排下，1950年1月27日，中国人民大学招生简章发布，这也是

① 原文如此，似应为“党委”之误。

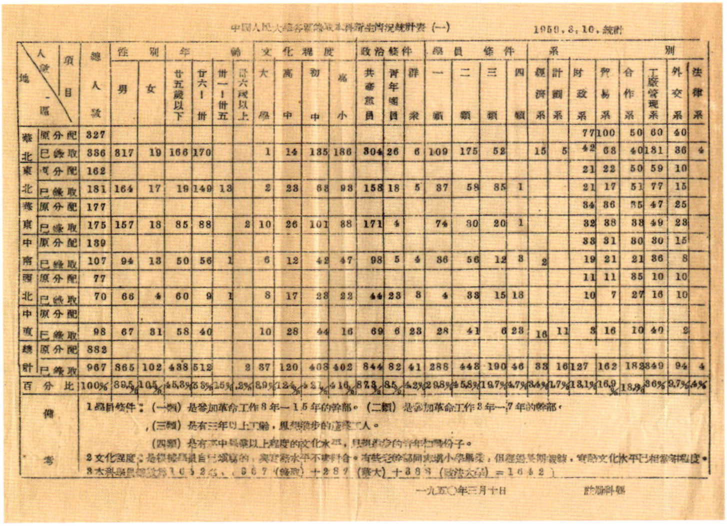

中國人民大學各區錄取本科新生情況統計表（一）　　1950.3.10.統計

地區	項目	總人數	性別 男	性別 女	年齡 廿五歲以下	年齡 廿六—卅	年齡 卅一—卅五	年齡 卅六歲以上	文化程度 大學	文化程度 高中	文化程度 初中	文化程度 高小	政治條件 共產黨員	政治條件 青年團員	政治條件 群衆	學員條件 一類	學員條件 二類	學員條件 三類	學員條件 四類	系別 經濟系	系別 計劃系	系別 財政系	系別 貿易系	系別 合作系	系別 工廠管理系	系別 外交系	系別 法律系
華北	原分配	327																				77	100	50	60	40	
華北	已錄取	336	317	19	166	170			1	14	135	186	304	26	6	109	175	52		15	5	42	68	40	181	36	4
東北	原分配	162																				21	22	50	59	10	
東北	已錄取	181	164	17	19	149	13		2	23	68	93	158	18	5	37	58	85	1			21	17	51	77	15	
華東	原分配	177																				34	86	35	47	25	
華東	已錄取	175	157	18	85	88		2	10	26	101	88	171	4		74	30	20	1			32	88	38	49	23	
中南	原分配	139																				38	31	30	30	15	
中南	已錄取	107	94	13	50	56	1		6	12	42	47	98	5	4	36	56	12	3	2		19	21	21	36	8	
西北	原分配	77																				11	11	85	10	10	
西北	已錄取	70	66	4	60	9	1		8	17	28	22	44	23	8	4	33	15	18			10	7	27	16	10	
中直	原分配																										
中直	已錄取	98	67	31	58	40			10	28	44	16	69	6	23	28	41	6	23	16	11	3	16	10	40	2	
總計	原分配	882																									
總計	已錄取	967	865	102	438	512		2	87	120	408	402	844	82	41	288	448	190	46	33	16	127	162	182	349	94	4
百分比		100%	89.5%	10.5%	45.3%	53%	25%	.2%	8.9%	12.4%	42.1%	41.6%	87.3%	8.5%	4.2%	29.8%	45.8%	19.7%	4.7%	3.4%	1.7%	13.1%	16.9%	18.8%	36%	9.7%	.4%

備考：
1 學員條件：（一類）是參加革命工作8年—15年的幹部。（二類）是參加革命工作3年—7年的幹部。
（三類）是有三年以上工齡，思想進步的產業工人。
（四類）是有高中畢業以上程度的文化水平，思想進步的青年知識份子。
2 文化程度：是根據學員自己填寫的，與實際水平不盡符合。有些老幹部同志填小學畢業，但經過長期鍛鍊，實際文化水平已相當高程度。
3 本科學員總數為1642名，（967（錄取）+287（華大）+388（政法大學）=1642）

一九五〇年三月十日　　註册科製

中国人民大学各区录取本科新生情况统计表

档号：1950–JX13–A–1

中国人民大学校史上第一份招生简章。

比较特殊的是，在这份招生简章发布之时，虽然吴玉章已为中国人民大学的筹建、招生做了大量工作，但他当时还未正式被任命为中国人民大学校长。根据相关档案，1950年2月19日，经中共中央政治局提名，中央人民政府委员会第六次会议通过，任命原华北大学校长吴玉章为中国人民大学校长，胡锡奎、成仿吾为副校长。

馆藏的这份中国人民大学招生简章为B4纸规格，竖排繁体字，主要包括八条内容，具体说明了本科和专修科各系别的修业期限和考生学历要求、招生名额、投考资格、报名手续、投考地点及时间、考试科目、待遇和入学后纪律。因专修科暂时不招生，在这份简章中专修科部分的内容大多为另定。

第一项内容首先说明了成立中国人民大学的目的："中央人民政府政务院为进行新中国的建设工作，决定设立中国人民大学，培养各方面所需要的建设干部"；其次说明了1950年的招生有本科和专修科两个类别。第一项中的甲乙两条规定了本科和专修科的系别及修业期限。本科

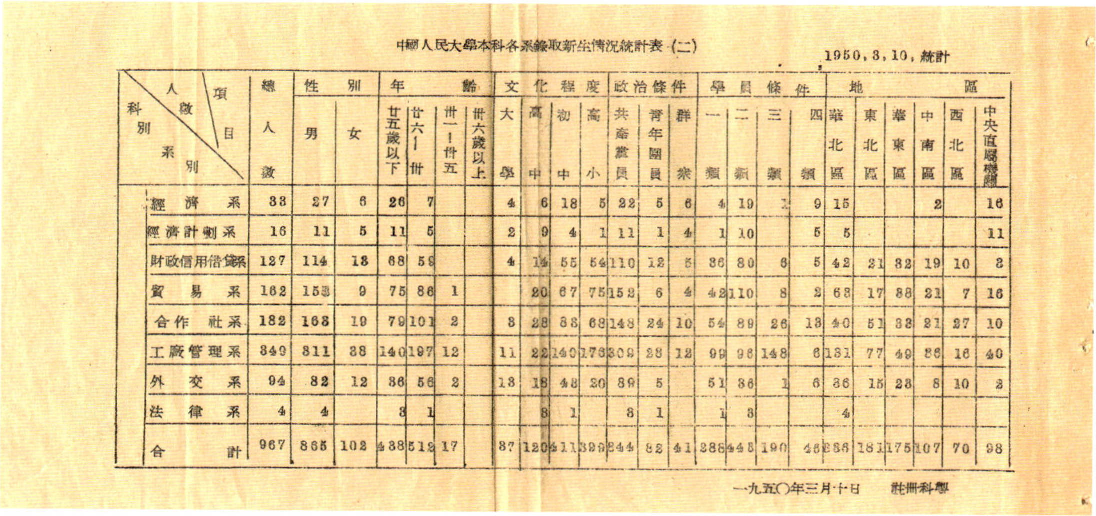

中國人民大學本科各系錄取新生情況統計表（二）

1950，3，10，統計

科系 \ 項目	總人數	性別：男	性別：女	年齡：廿五歲以下	年齡：廿六—卅	年齡：卅一—卅五	年齡：卅六歲以上	文化程度：大學	文化程度：高中	文化程度：初中	文化程度：高小	政治條件：共產黨員	政治條件：青年團員	政治條件：群衆	學員條件：一類	學員條件：二類	學員條件：三類	學員條件：四類	地區：華北區	地區：東北區	地區：華東區	地區：中南區	地區：西北區	地區：中央直屬機關
經濟系	33	27	6	26	7			4	6	18	5	22	5	6	4	19	1	9	15			2		16
經濟計劃系	16	11	5	11	5			2	9	4	1	11	1	4	1	10		5	5					11
財政信用借貸系	127	114	13	68	59			4	14	55	54	110	12	5	36	80	6	5	42	21	32	19	10	3
貿易系	162	153	9	75	86	1			20	67	75	152	6	4	42	110	8	2	63	17	38	21	7	16
合作社系	182	163	19	79	101	2		8	28	38	68	148	24	10	54	89	26	13	40	51	33	21	27	10
工廠管理系	349	311	38	140	197	12		11	22	140	176	309	28	12	99	98	148	6	131	77	49	36	16	40
外交系	94	82	12	36	56	2		13	18	48	20	89	5		51	36	1	6	36	15	23	8	10	2
法律系	4	4		3	1				3	1		3	1		1	3			4					
合計	967	865	102	438	512	17		87	120	411	399	844	82	41	288	445	190	46	336	181	175	107	70	98

一九五〇年三月十日　註冊科製

中国人民大学本科各系录取新生情况统计表

档号：1950–JX13–A–1

八个系，学制为两年到四年不等；专修科九个系，修业期限为六个月（后实际执行为八个月）。值得注意的是，关于大学成立目的的说明只存在于1950年的第一份招生简章中，以后历年招生简章均没有类似表述。1951年的招生简章第一条的表述仅为“中国人民大学内分本科及专修班两部分”。自1952年起，中国人民大学的招生简章就明确分为中国人民大学本科招生简章和中国人民大学专修科招生简章两份各自独立的简章。

在第二项关于名额的规定中，本科预招收新生1400名，分华北、华东、中南、东北、西北五个区招考。专修科暂不招生。

第三项为投考资格。本科：在身体健康的前提下，须“参加革命工作八年以上、具有相当于初中程度的文化水平、年龄在三十五岁以下的干部；参加革命工作三年以上或在解放区参加有关业务部门工作三年以上、具有相当于初中程度的文化水平、年龄在三十二岁以下的干部；具有相当于初中程度的文化水平、有三年以上的工龄、暂无家室之累。思想进步可以深造的产业工人、年龄在十七岁至三十二岁者；具有高中毕业以上程度的文化水平、思想进步的青年知识分子、年龄在二十七岁以下者。”由此可见，本次本科招生范围较广，涉及革命干部、产业工人和青年知识分子。专修科另定。

第四项和第五项为报名手续、考试地点及报名时间。须持有省（市）级以上人民政府有关该系的业务部门或省（市）级以上人民团体、解放军兵团级以上政治机关的保送函件。无论任何机关介绍，均须考试合格，方准入学。考试地点：在华北、华东、中南、东北、西北五个区均有考点。报名时间：自即日起至二月二十日止。

第六项为考试科目。本科设初试：国文、史地、数学、社会科学知识、自然科学知识、外国文（俄、英、法、德任选一种），干部、工人可免试外国文及数学。复试为口试和体检。专修科另定。

第七项为待遇。本科学生在校学习期间，一律按供给制待遇。专修科另定。

第八项规定，入学后不得中途退学，毕业后须听候政府分配工作，不得转业；否则须赔偿国家损失。

根据教育部《高等学校一九五〇年暑期招生总结》，中国人民大学及各地人民革命大学、军政大学独立招生，其余全国公私立高等学校201所，都是采用统一或联考的方式进行招生。1950年3月15日的《中国人民大学本科第一期招生总结》显示：“中国人民大学第一期招生自1950年1月28日开始至2月底截止，共招收学生967人（报名投考者1 963人），较原计划882人超过85人，其中八年以上干部288人，三年以上干部443人，进步工人190人，进步青年知识分子46人。总数967人中有共产党员844人，青年团员828人，进步群众41人。不但数量上超过原定计划，质量上也达到了中央规定的要求”。由此可见，实际招生工作取得了成功，达到了招生简章的要求和预期效果。

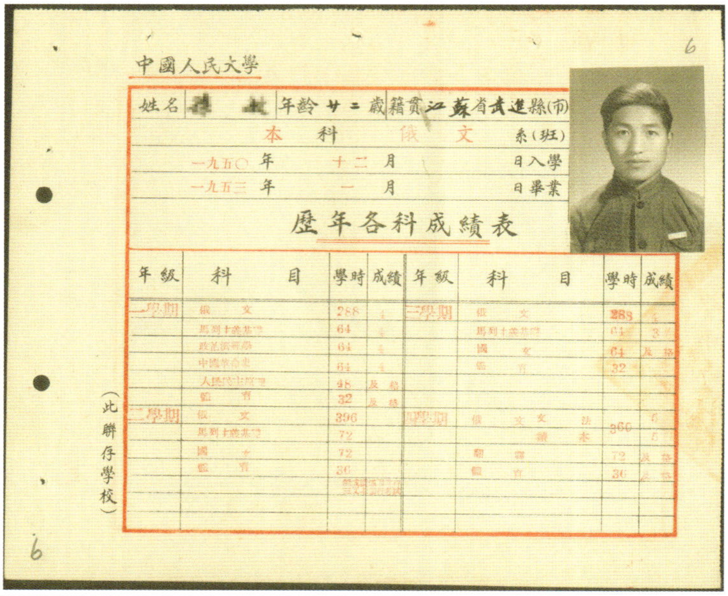

中國人民大學

姓名 [redacted] 年齡 廿二 歲 籍貫 江蘇 省 武進 縣(市)

本科 俄文 系(班)

一九五〇 年 十二 月 日入學

一九五三 年 一 月 日畢業

歷年各科成績表

年級	科目	學時	成績	年級	科目	學時	成績
一學期	俄文	288	4	三學期	俄文	288	[illegible]
	馬列主義基礎	64	[illegible]		馬列主義基礎	64	3
	政治經濟學	64	[illegible]		國文	64	及格
	中國革命史	64	4		體育	32	[illegible]
	[illegible]	48	及格				
	體育	32	及格				
二學期	俄文	396		四學期	俄文文法	360	5
	馬列主義基礎	72			讀本		5
	國文	72			翻譯	72	及格
	體育	36			體育	36	及格

(此聯存學校)

中國人民大學

姓名 [redacted] 年齡 廿四 歲 籍貫 浙江 省 鄞 縣(市)

本科 俄文 系(班)

一九五一 年 八 月 日入學

一九五三 年 一 月 日畢業

歷年各科成績表

年級	科目	學時	成績	年級	科目	學時	成績
一學期	俄文	324		三學期			
	馬列主義基礎	72					
	中國革命史	72	5				
	國文	72					
	體育	36	及格				
二學期	俄文	[illegible]	[illegible]	四學期	俄文文法	360	5
	馬列主義基礎	64	[illegible]		讀本		5
	國文	64	及格		翻譯	72	及格
	體育	32	及格		體育	36	及格

(此聯存學校)

学生成绩表

（胡玲玲）

最早设立的“八大系”

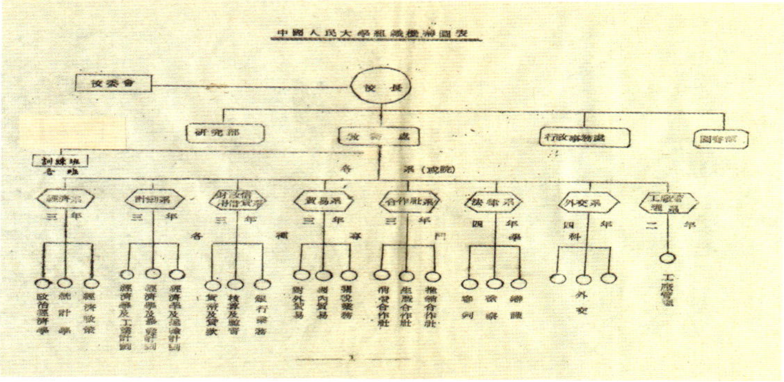

中国人民大学组织机构图表，本科“八大系”及专业设置

档号：1950-XZ11-XB-31

1949年12月16日，中央人民政府政务院第十一次政务会议通过《关于成立中国人民大学的决定》，其中明确指出：“大学本科暂设：（一）经济系，（二）经济计划系，（三）财政信用借贷系[①]，（四）贸易系，（五）合作社系，（六）工厂管理系，（七）法律系，（八）外交系，学习期限为二年至四年”。这就是人民大学最早成立的八个本科系，习惯上称“八大系”。

“八大系”设立后，学校任命了八个系的系主任。经济系系主任为宋涛，经济计划系系主任为马纪孔，财政信用借贷系系主任为崔希默，贸易系系主任为马乃庶，合作社系系主任为张崇山，工厂管理系系主任为张琳，法律系系主任为朱世英，外交系系主任为何戊双。

1950年8月，刘少奇在人民大学有关工作报告上批示，将经济系并入经济计划系。当年9月，俄文专修班改为俄文系，这样学校依然是“八大系”。

1950年10月3日，刘少奇在中国人民大学开学典礼上发表重要讲话，细致阐述了中国人民大学本科“八大系”设置的缘由和依据，以及对中国人民大学本科教育的要求和期许。他指出，成立这八个系，目的是为新中国建设，特别是经济建设服务，希望人民大学的同学们能够学好本

① 在部分档案中简称为“财政信用系”。

经济系
系主任宋涛

经济计划系
系主任马纪孔

财政信用借贷系
系主任崔希默

贸易系
系主任马乃庶

合作社系
系主任张崇山

工厂管理系
系主任张琳

法律系
系主任朱世英

外交系
系主任何戊双

命名组建初期“八大系”首任系主任

领，学以致用。

学校结合各系的特点，制定了完整的教学计划，不仅照顾到专门业务知识的讲授，而且更注重马列主义理论水平的教育提高。教学方法方面，一方面注重系统的科学理论的讲授，引导学生攻读马列主义原著和各种科学理论著作；另一方面，通过各种作业、参观与生产实习等方法，使学生充分理解所学理论，并进行实际运用，这样既能克服轻视理论的经验主义的偏向，又能防止脱离实际的教条主义的危险。

此后，在20世纪50年代，根据国家经济建设发展、院系调整及人才培养的需要，人民大学的“八大系”也相应进行了调整。

1953年3月11日，工厂管理系更名为工业经济系。

1954年6月25日，学校第二十九号校长命令提出，“遵

建校初期到1954年院系调整期间的本科系所变化表

1949年政务院《关于成立中国人民大学的决定》规定设本科系	1950年9月根据刘少奇批示调整	1954年根据教育部《全国高等财经院系1954年院系和专业的调整和设置计划》规定
1. 经济系 2. 经济计划系 3. 财政信用借贷系 4. 贸易系 5. 合作社系 6. 工厂管理系 7. 法律系 8. 外交系	1. 经济计划系（经济系并入经济计划系） 2. 财政信用借贷系 3. 贸易系 4. 合作社系 5. 工厂管理系 6. 法律系 7. 外交系 8. 俄文系（俄文专修班改建为俄文系）	1. 经济计划系 2. 财政信用借贷系 3. 贸易经济系（合作社系供销与消费合作社专业和贸易系的国内贸易专业合并） 4. 工业经济系（1953年改） 5. 法律系 6. 外交系 7. 俄文系 8. 统计学系（1952年设） 9. 农业经济系（1954年院系调整）

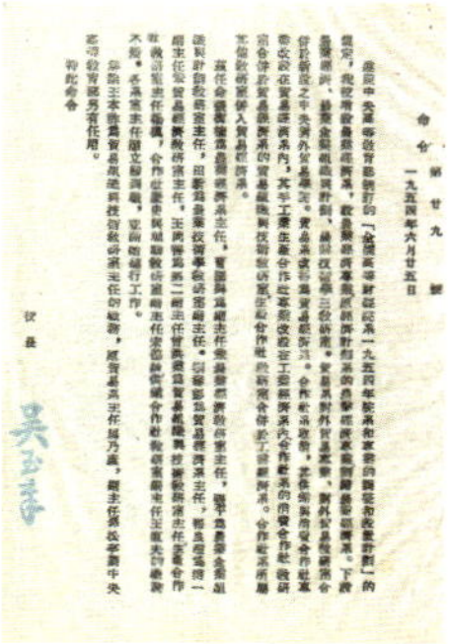

1954年6月25日，第二十九号校长命令
档号：1954-XZ11-XB-16

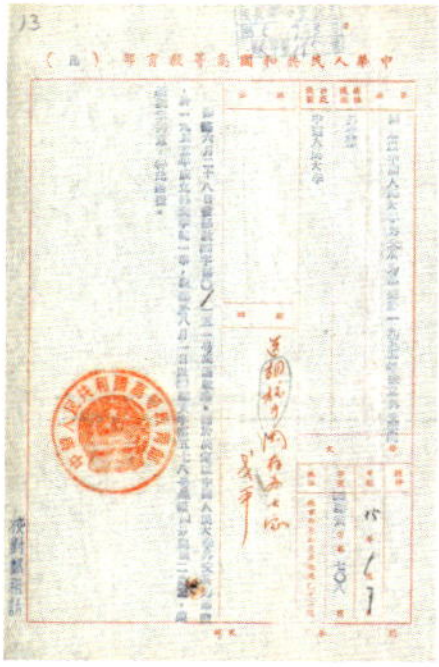

高等教育部同意以中国人民大学外交系为基础于1955年成立外交学院的批复
档号：1955-XZ11-XB-23

照中央高等教育部制定的《全国高等财经院系1954年院系和专业的调整和设置计划》的规定”，“贸易系对外贸易专业、对外贸易教研室合并于新设之中央对外贸易学院，贸易系改为贸易经济系”；“合作社系取消，其供销与消费合作社专业设在贸易经济系内，其手工业生产合作社专业改设在工业经济系内”；并任命刘寿彭为贸易经济系主任。

1960年6月16日，贸易经济系与财政信用借贷系合并为财政贸易系。

1955年根据全国高等学校院系调整的需要，高等教育部同意以中国人民大学外交系为基础成立外交学院。

1955年8月，经济计划系和1952年9月成立的统计系合并成为新的经济系。1956年5月，政治经济学专业划出，另成立经济系，原经济系更名为计划统计系。1957年9月，计划统计系分为国民经济计划系和统计系。1960年6月，国民经济计划系与统计系合并为计划统计系。

“八大系”是今天中国人民大学相关学院的前身与学科建设的基础，六十多年来培养出大批精通马列主义理论与各种专门业务的毕业生，他们也成为了新中国各项建设事业的骨干力量和杰出人才。

（张萍）

教学与研究工作的基本组织——教研室

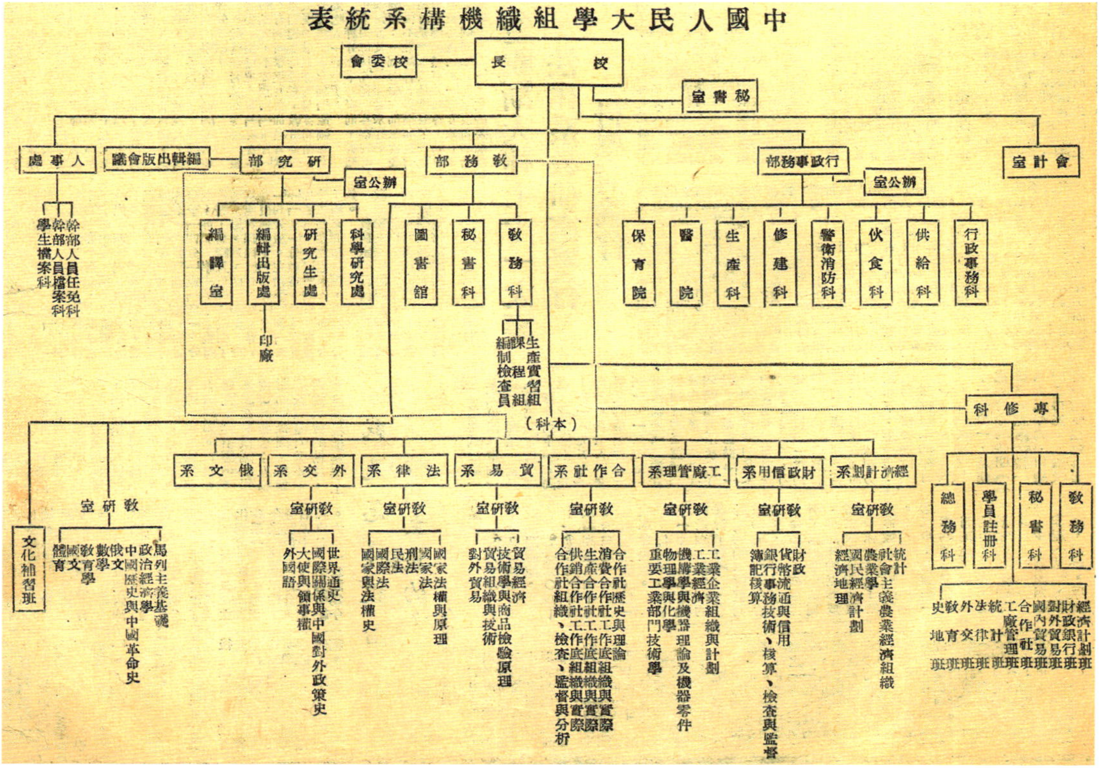

中国人民大学组织机构系统表

档号：1951–CB12–XB–2

中国人民大学命名组建初期，在教学机构设置上，遵照苏联经验和中国实际相结合的原则，引进了当时苏联的教学组织，并翻译为“教研室”。在组织机构设置上，人民大学形成了校—系—教研室的组织结构模式。

根据1950年的《中国人民大学组织机构系统表》，学校设秘书室、会计室、行政事务部、教务部、研究部和人事处，直接向校长负责。教务部主管全校教学工作，设有本科及专修科。全校共41个教研室，其中8个全校性共同课教研室由教务部领导，其余33个教研室分属各系，由各系领导，教研室主任由系主任呈请校长委任。

全校41个教研室具体为：

教务部直属教研室包括马列主义基础、政治经济学、中国历史与中国革命史、俄文、数学、教育学、国文、体育8个教研室；

经济计划系，包括统计、社会主义农业经济组织、农业学、国民经济计划、经济地理5个教研室；

财政信用借贷系，包括财政，货币流通与信用，银行事务技术、核算、检查与监督，簿记核算4个教研室；

工厂管理系，包括工业企业组织与计划、工业经济、机构学与机器理论及机器零件、物理学与化学、重要工业部门技术学5个教研室；

合作社系，包括合作社历史与理论，消费合作社工作底组织与实际，生产合作社工作底组织与实际，供销合作社工作底组织与实际，合作社组织、检查、监督与分析5个教研室；

贸易系，包括贸易经济、技术学与商品检验原理、贸易组织与技术、对外贸易4个教研室；

法律系，包括国家法权与原理、国家法、刑法、民法、国际法、国家与法权史6个教研室；

外交系，包括世界通史、国际关系与中国对外政策史、大使与领事权、外国语4个教研室。

教研室是学校教学和科研的基本组织，以教研室的形式把教师按课程组织起来，对一门或数门有密切联系的课程，共同开展教学与科学研究工作。教研室由教研室主任、教研室全体教师、翻译、秘书、干事和其他行政人员、研究生、资料室、实验室和经常的或临时的委员会组成，可以高度发挥集体的力量，充分实现团结合作。

教研室的工作大体可分为：

（一）组织教学工作（讲课、研讨会、实习、实验、辅导、生产实习等），并保证教学质量。

（二）教学方法上的工作，即制定讲授大纲、研讨会计划、试验计划、习题和答案选集等。

（三）编写教材（讲义、参考书、图表等）。

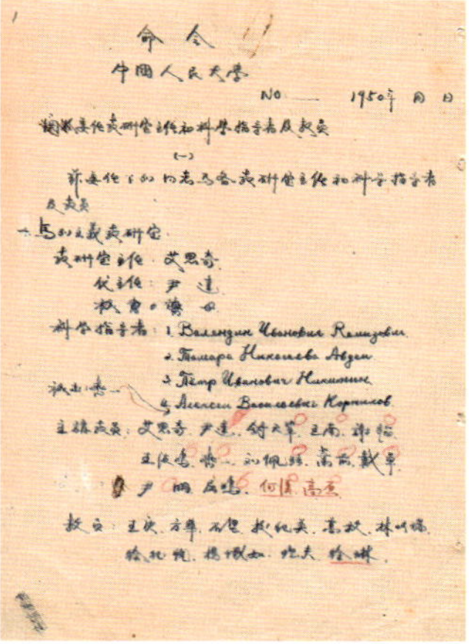
命令
中国人民大学
NO. 1950年 月 日

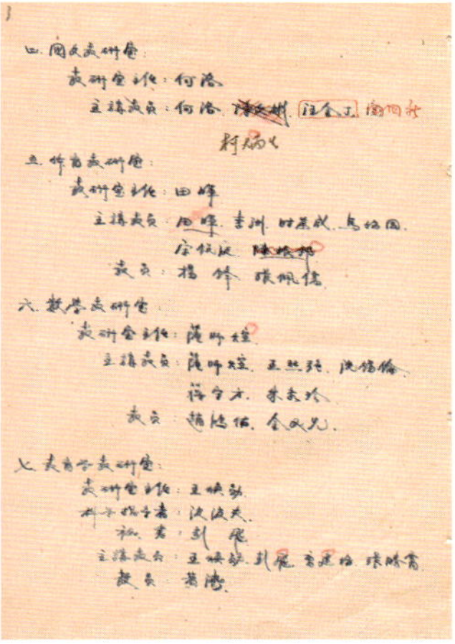

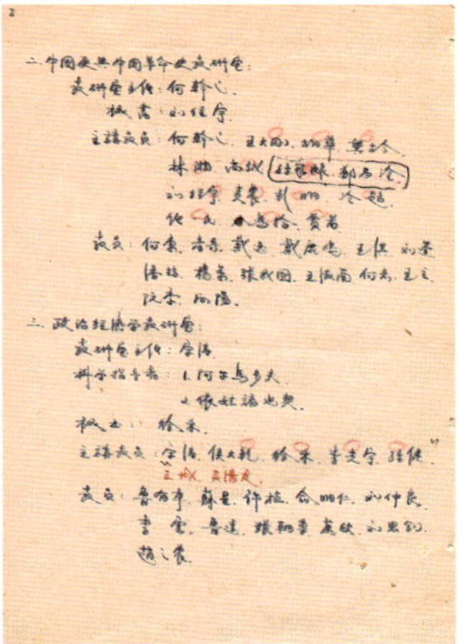

1950年中国人民大学委任教研室主任和科研指导者及教员的命令

档号：1950-JX13-B-6

（四）科学研究工作（专题科学研究）。

（五）与企业和政府机关的协作。

（六）提高教师思想理论水平的工作。

（七）培养研究生的工作。

教研室主任根据教研室工作计划，组织与领导全教研室的集体活动，并督促与帮助每个成员的具体工作；根据总的教育计划订出教研室所任课程的讲授内容，讲课与研讨的次数、时数和进度，并检查讲课与研讨的内容和方法，指出优缺点，帮助改进；在每学期初制订教研室会议日程，规定相关教师在会议上的报告；教研室应做的提纲、实习计划、教材图表等都经他分配给相关教师，并负责审查，或组织审阅。教研室主任要组织教员按规定的进度表对学生进行辅导，领导学生的自习工作，并检查其成绩；还要经常注意教师在科学质量与思想水平方面的提高，并给予各种协助。

教研室的设立对于高效、规范地组织和开展教学与科研工作，提供了强有力的组织保障，并为国内其他高校提供了开创性经验，成为当时高等教育界学习的模板。

（田永香）

首期专修科的设立

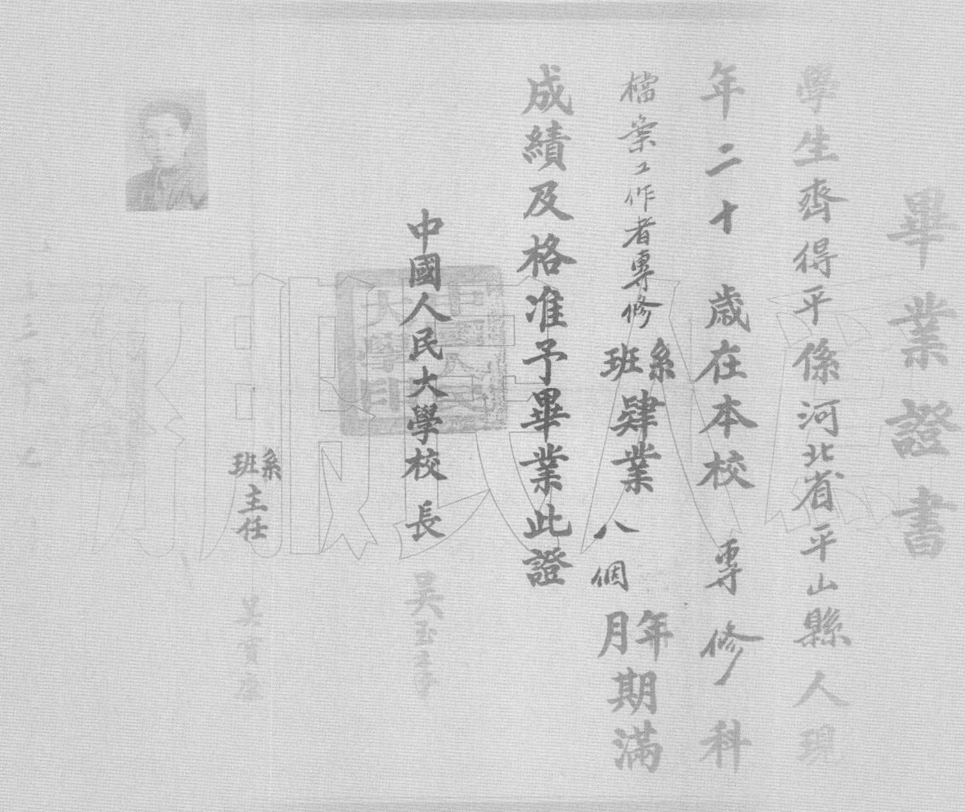
畢業證書
學生齊得平係河北省平山縣人現
年二十歲在本校專修科
檔案工作者專修系
班肄業八個月年期滿
成績及格准予畢業此證
中國人民大學校長
系班主任

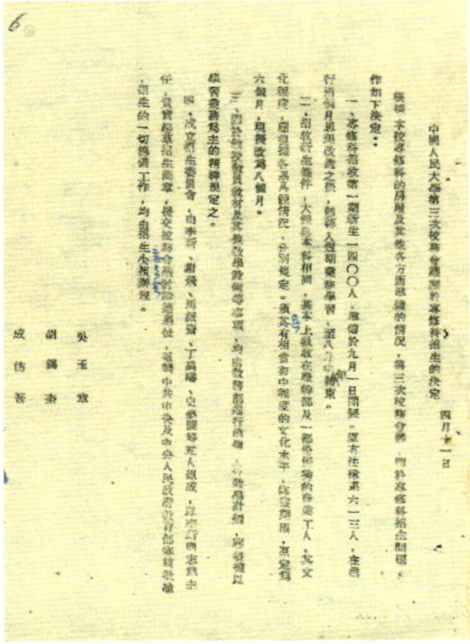

1950年第三次校务会议讨论通过《关于专修科招生的决定》
档号：1950-XZ11-XB-15.0003

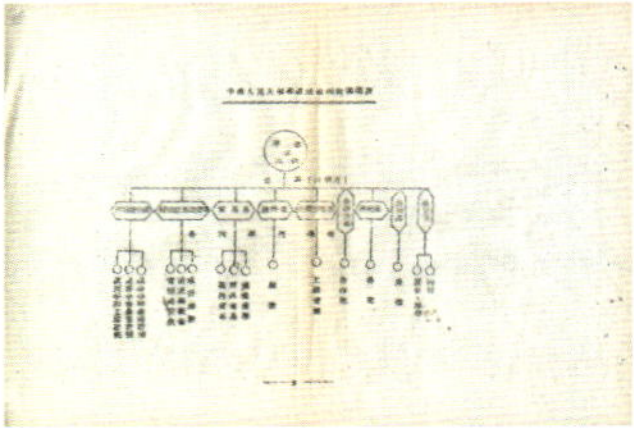

专修班组织机构图表
档号：1950-XZ11-XB-31

中国人民大学专修科是在建国初期迫切需要社会主义建设人才的情况下开办的。1949年12月16日《关于成立中国人民大学的决定》就已提出要在人民大学设立专修班。“专修班暂设：（一）经济计划、（二）财政信用借贷、（三）贸易、（四）合作社、（五）工厂管理、（六）统计、（七）外交、（八）教育、（九）法律等班。”为满足对建设人才的迫切需要，专修班学制比较短，“学习期限暂定六个月”。

中国人民大学第一份招生简章这样表述：“中央人民政府政务院为进行新中国的建设工作，决定设立中国人民大学，培养各方面所需要的建设干部。中国人民大学内分本科及专修班两部分。”由此可见，在为新中国培养建设人才的目标上，人民大学的专修科和本科具有同等重要作用，专修科学生的培养大大缓解了建国初期相关行业建设人才捉襟见肘的难题。

1950年4月11日，中国人民大学第三次校务会议通过了《关于专修科招生的决定》：（一）“专修科招收第一期新生一四〇〇人，准备于九月一日开课”；（二）“招收新生条件，大体与本科相同，基本上吸收在职干部及一部分优秀的产业工人，其文化程度，应根据各系具体情况，分别规定。须具有相当初中程度的文化水平。修业期限，原定为六个月，现拟改为八个月”；（三）“关于教授教员教材及其他教学设备等事项，均由教务部进行准备，其教学计划，应根据以学习业务为主的精神规定之”；（四）“成立招生委员会”，“负责起草招生简章，提交校务会议讨论通过后，报请中共中央及中央人民政府教育部审核批准”。

人民大学专修科在组织机构上，独立于各系之外，是学校教务部下属的专门机构，下设九个系共十六个专门学科班。第一期专修科招生之前，经过反复讨论和修改，学校制定了一系列专修科的规章制度，专修科工作条例、专修科办公室细则、专修科教育科工作分工与职责等规定陆续出台，保证专修科招生和教学工作的顺利进行。根据当时的具体情况，1950年经学校第十五次行政会议讨论决定，第一期专修科开学时间由九月一日延迟到十月一日，新生九月二十日前入学。

1950年中国人民大学第一期专修科招生简章规定了招生名额、投考资格、报名手续、投考地点及时间、考试科目、待遇、入校纪律及毕业安排七项内容。

第一项，招生名额：“专修科第一期招生一千四百名，计共分九个系，各系修业期限均为八个月。工厂管理系：三百名。财政信用借贷系：二百名。合作系：一百五十名。贸易系：一百五十名。统计系：一百五十名。经济计划系：一百五十名。法律系：二百名。外交系：五十名。教育系：五十名。”

第二项，投考资格，九个系都有具体的规定，在身体健康的前提下，对参加革命工作的年限、业务工作经验、文化水平和年龄都有细致的说明。例如：满足具有高中文化水平、参加革命工作三年以上的干部，或满足思想进步、熟悉业务、有高中毕业以上文化水平的青年知识分子，才能报考经济计划系、统计系的专修科。

第三项，报名手续。

第四项，投考地点及时间：（1）地点：“华北区：北京、太原。华东区：上海、济南。中南区：汉口。华南区：广州。东北区：沈阳。西北区：西安。西南区：重庆。”（2）时间：“八月一日起—九月十五日止，所有业经录取的新生务须于九月二十日以前入校。”

第五项，考试科目：“（1）初试：国文、史地、数学、社会科学知识。自然科学知识。工人及工农出身的干部可以免试数学。（2）复试：口试、体格检查。”

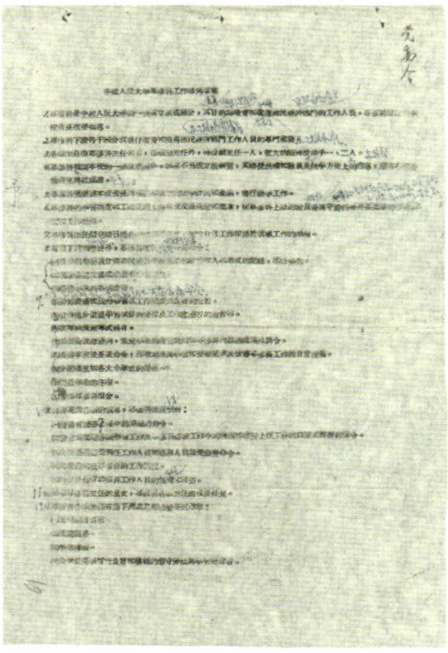

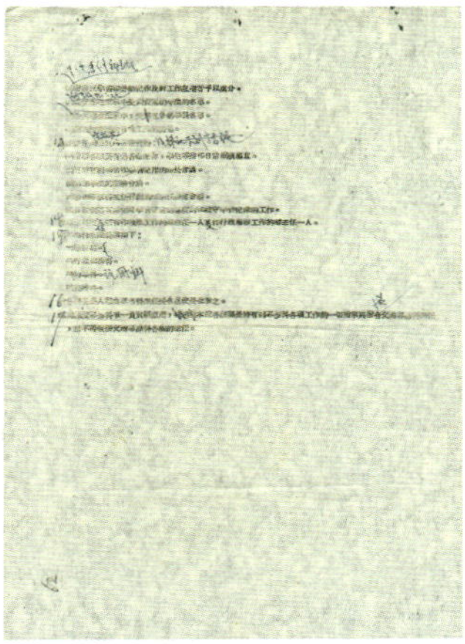

专修科工作条例草案

档号：1950-XZ11-XB-22

专修科办公室细则
档号：1950–XZ11–XB–22

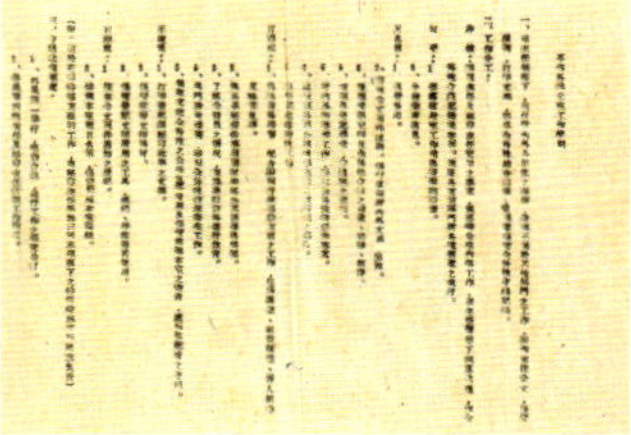

专修科教育科分工与职责
档号：1950–XZ11–XB–22

第六项，待遇规定：“（1）学生在学习期间，除原係有薪金制待遇者外，根据政府规定，一律按供给制待遇。（2）原係薪金制待遇者，由学校照发原薪，但须向原机关取得证明文件。”

第七项，入校纪律及毕业安排：“入学后，不得中途退学，毕业后送回原介绍机关分配工作。”

第一期专修科的教学计划规定，各专修班课程有十一到十四门不等，“马列主义基础”“政治经济学”“人民民主原理”“中国革命史”“中华人民共和国经济政策”五门课程，是所有专修班都须开设的理论基础课。因为有苏联专家的缘故，教学计划都以中俄两种语言制订。专修科使用的业务教材大部分也由苏联专家编写，“中国革命史”课程教材为胡华编的《新民主主义革命史》，“马列主义基础”课程教材为《联共（布）党史》，“政治经济学”“人民民主原理”课程教材为本校自编教材。

第一期专修科九个系共开设十一个专修班，从第一期专修班教学计划中课程的设置可以看出，专修班教学业务性较强，实习时数在整个教学时数中所占比例较大，采用的是理论性与实用性结合较为紧密的教学方式。

专修科学员在完成教学计划，学习期满合格后，由学校颁发毕业证书。专修科毕业证书是中国人民大学成立后颁发的第一批毕业证书，早于本科，在形式和内容上都有鲜明的时代烙印。专修科毕业证书为纸本，宽39厘米，长45厘米，红色粗细双线边框，底色为浅黄色花纹图案，并印有繁体汉字“为人民服务”。证书内容有学生姓名、籍贯、年龄、专修科班级、修业期限，以及成绩合格准予毕业的证明语，并有校长及所在专修班主任姓名和公历颁证日期，加盖中国人民大学印和中央人民政府高等教育部印。

1951年6月第一期专修科1 081名学生毕业。8月，学校向中央办公厅提交《关于中国人民大学专修科第一期教学

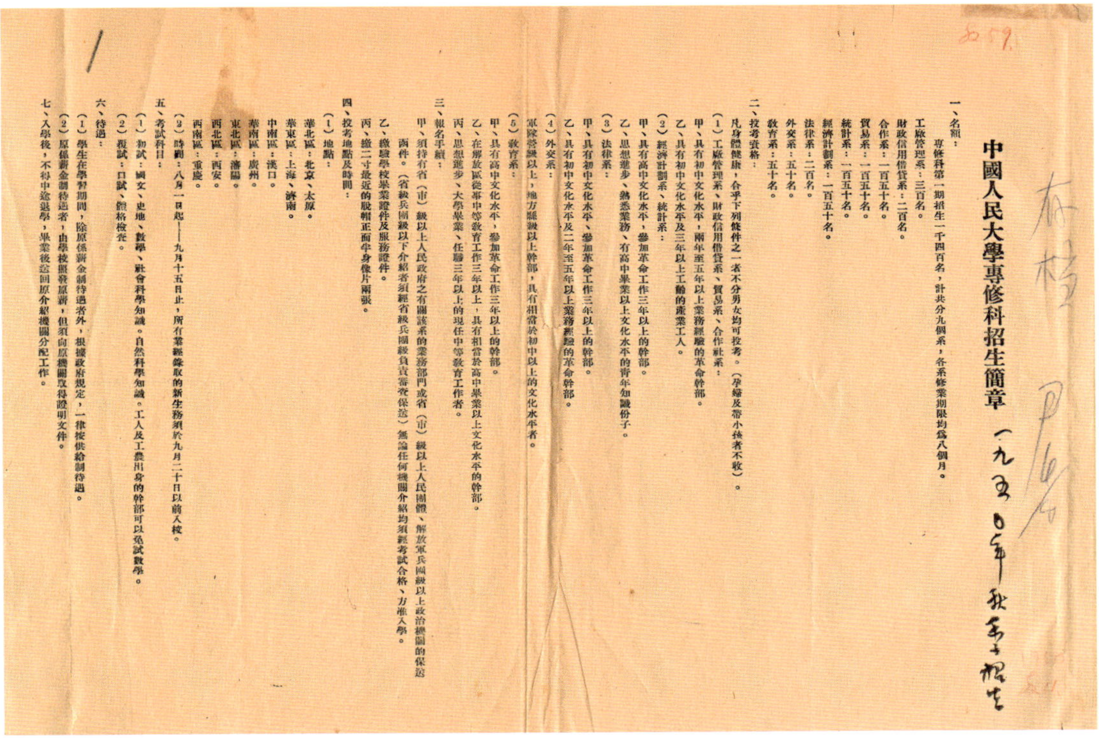

中國人民大學專修科招生簡章

一、名額：

專修科第一期招生一千四百名，計共分九個系，各系修業期限均爲八個月。

工廠管理系：三百名。

財政信用借貸系：二百名。

合作系：一百五十名。

貿易系：一百五十名。

統計系：一百五十名。

經濟計劃系：一百五十名。

法律系：二百名。

外交系：五十名。

教育系：五十名。

二、投考資格：

凡身體健康，合乎下列條件之一者不分男女均可投考。（孕婦及帶小孩者不收）。

（1）工廠管理系、財政信用借貸系、貿易系、合作社系：

甲、具有初中文化水平，兩年至五年以上業務經驗的革命幹部。

乙、具有初中文化水平及三年以上工齡的產業工人。

（2）經濟計劃系、統計系：

甲、具有高中文化水平，參加革命工作三年以上的幹部。

乙、思想進步、熟悉業務、有高中畢業以上文化水平的青年知識份子。

（3）法律系：

甲、具有初中文化水平、參加革命工作三年以上的幹部。

乙、具有初中文化水平及二年至五年以上業務經驗的革命幹部。

（4）外交系：

軍隊營級以上，地方縣級以上幹部，具有相當於初中以上的文化水平者。

（5）教育系：

甲、具有高中文化水平，參加革命工作三年以上的幹部。

乙、在解放區從事中等教育工作三年以上，具有相當於高中畢業以上文化水平的幹部。

丙、思想進步、大學畢業、任職三年以上的現任中等教育工作者。

三、報名手續：

甲、須持有省（市）級以上人民政府之有關該系的業務部門或省（市）級以上人民團體、解放軍兵團級以上政治機關的保送函件。（省級兵團級以下介紹者須經省級兵團級負責審查保送）無論任何機關介紹均須經考試合格、方准入學。

乙、繳驗學校畢業證件及服務證件。

丙、繳二寸最近的脫帽正面半身像片兩張。

四、投考地點及時間：

（1）地點：

華北區：北京、太原。

華東區：上海、濟南。

中南區：漢口。

華南區：廣州。

東北區：瀋陽。

西北區：西安。

西南區：重慶。

（2）時間：八月一日起——九月十五日止，所有業經錄取的新生務須於九月二十日以前入校。

五、考試科目：

（1）初試：國文、史地、數學、社會科學知識。自然科學知識。工人及工農出身的幹部可以免試數學。

（2）複試：口試、體格檢查。

六、待遇：

（1）學生在學習期間，除原係薪金制待遇者外，根據政府規定，一律按供給制待遇。

（2）原係薪金制待遇者，由學校照發原薪，但須向原機關取得證明文件。

七、入學後，不得中途退學，畢業後送回原介紹機關分配工作。

中国人民大学专修科第一期招生简章

档号：1950–JX13–A–2

经验总结报告》。报告认为：“根据平时学习检查、学期考试、毕业时在学生中进行的调查及外交、工管、统计等有关业务部门检查的反应，证明专修科的教学一般效果是好的，基本上是成功的。” 同时，存在的缺点主要有：理论与实际的联系、苏联经验与中国情况的结合不够；课程及编班还不够专业化；年轻教员难以在短期内精通自己的教学业务；国家有关业务部门认为专修科时间短，学习课程面广，理论部分讲得多，具体应用讲得少，和实际需要有些距离。报告呈送刘少奇、陆定一、董必武等同志。刘少奇做出批示：“同意这个报告。法律班可不再办，由政法干部学校去训练。外交班为要利用苏联教授，仍以继续办下去为好。”

在之后的专修科教育中，学校不断修正教学计划，做到了实事求是，理论联系实际，为各行各业输送了大批

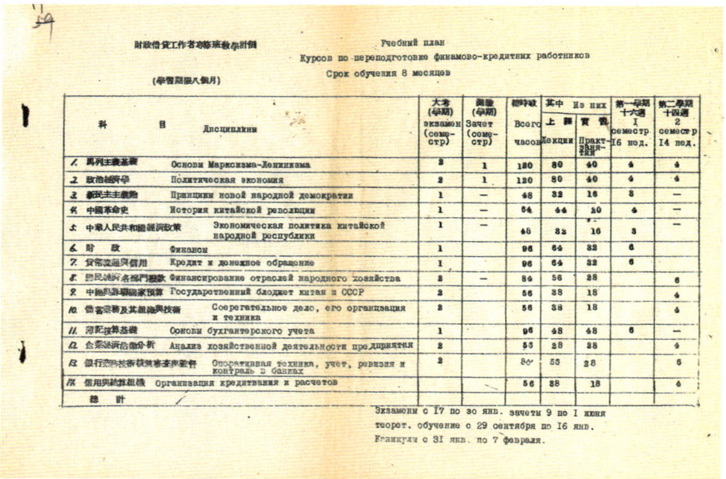

财政借贷工作者专修班教学计划

(學習期限八個月)

Учебный план

Курсов по переподготовке финамово-кредитных работников

Срок обучения 8 месяцев

科目	Дисциплины	大考(學期) экзамен (семестр)	測驗(學期) Зачет (семестр)	總時數 Всего часов	其中 Из них 上課 Лекции	實習 Практ-занятия	第一學期 十六週 I семестр 16 нед.	第二學期 十四週 2 семестр 14 нед.
1. 馬列主義基礎	Основы Марксизма-Ленинизма	2	1	120	80	40	4	4
2. 政治經濟學	Политическая экономия	2	1	120	80	40	4	4
3. 新民主主義論	Принципы новой народной демократии	1	—	48	32	16	3	—
4. 中國革命史	История китайской революции	1	—	64	44	20	4	—
5. 中華人民共和國經濟政策	Экономическая политика китайской народной республики	1	—	48	32	16	3	—
6. 財政	Финансы	1		96	64	32	6	
7. 貨幣流通與信用	Кредит и денежное обращение	1		96	64	32	6	
8. 國民經濟各部門撥款	Финансирование отраслей народного хозяйства	2	—	84	56	28		6
9. 中國與蘇聯國家預算	Государственный бюджет китая и СССР	2		56	38	18		4
10. 儲蓄業務及其組織與技術	Сберегательное дело, его организация и техника	2		56	38	18		4
11. 簿記核算基礎	Основы бухгалтерского учета	1		96	48	48	6	—
12. 企業經濟活動分析	Анализ хозяйственной деятельности предприятия	2		53	28	28		4
13. 銀行業務技術核算審查與監督	Оперативная техника, учет, ревизия и контроль в банках	2		84	56	28		6
14. 信用與結算組織	Организация кредитования и расчетов			56	38	18		4
總計								

Экзамены с 17 по 30 янв. зачеты 9 по 1 июня

теорет. обучение с 29 сентября по 16 янв.

Каникулы с 31 янв. по 7 февраля.

财政借贷工作者专修班

教学计划

档号：1950–JX13–A–5

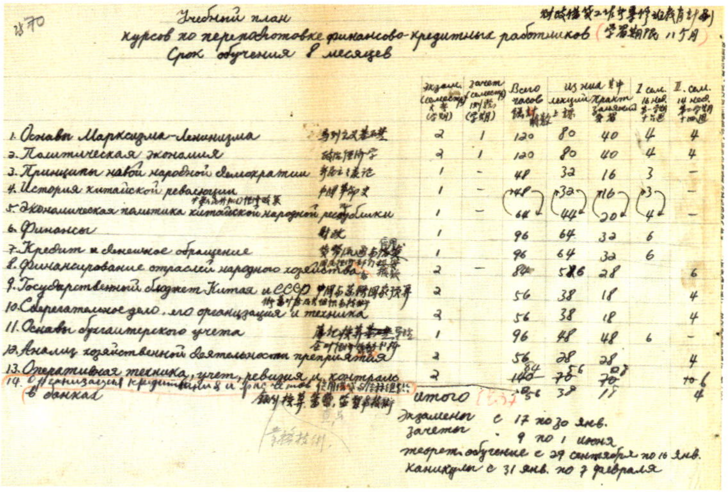

财政借贷工作者专修班

教学计划底稿

档号：1950–JX13–A–5

德才兼备的建设干部。仅1951—1955年，人民大学专修科就输送了6 049名毕业生，满足了国家亟需建设人才的需要。

中国人民大学第一期专修班教学计划表（根据当时教学计划编制）

专修班	经济计划工作者	财政信用工作者	合作社工作人员	统计工作者	工厂管理工作者	国内贸易工作者	对外贸易工作者	外交工作者	法院与检察工作者	教育工作者	史地教员
课程	马列主义基础										
	政治经济学										人民民主原理
	人民民主原理										中国革命史
	中国革命史										教育学
	中华人民共和国经济政策										历史教学法
	国民经济计划	财政	合作社理论	统计学原理	工业技术学	国内贸易组织与技术	中国与苏联对外贸易基本原则与组织	国家法	国家法	逻辑学	中国历史
	中国工农业资源的分布及其使用	货币流通与信用	合作社组中的簿记核算	工业统计	企业组织与计划	食品与工业商品检验	对外贸易组织与技术	世界政治地理与经济地理	民法	心理学	中华人民共和国地理
	统计学原理	簿记核算原理	合作社组织经济活动的检查监督与分析	簿记核算原理	工业经济	贸易簿记核算	国际结算与对外贸易拨款	俄文	刑法	教育学史	自然地理
	簿记核算原理	国民经济各部门拨款	消费合作社组织与业务	数学	工业统计	贸易企业经济活动分析	对外贸易中的簿记核算	国际法	民事诉讼	教育学	中华人民共和国经济政策
	经济活动分析	中国与苏联国家预算	供销合作社组织与业务	贸易统计	簿记核算	国内贸易经济	海关事务	苏联与人民民主国家对外政策	刑事诉讼	中华人民共和国教育组织与实际	地理教学法
	经济统计	储蓄业务及其组织与技术	统计学	农业统计	企业经济活动分析	贸易统计	对外贸易统计	国际关系与中国对外政策史	土地法	国文教学法	苏联历史
	生产组织类企业管理	企业经济活动分析	生产合作社工作的组织与业务	企业经济活动分析	技术定额组织原理	贸易法	世界市场与商情	外交与领事事务组织	贸易法	教学实习	近代通史
	厂内计划	银行业务技术核算检查与监督		工业经济	技术制图与识图	贸易信用与拨款	中国基本工农业出口与入口		劳动法		经济地理
		信用与结算组织		贸易经济	建设组织一般原理		国际法		检察官及法院工作的组织与实际		
				农业经济			国际贸易				
实习时数	388	366	354	392	398	388	368	516	356	464	354
讲授时数	692	714	726	688	682	560	712	564	724	616	726

畢業證書

人字第（53）貳陸零伍號

學生齊得平係河北省平山縣人現年二十歲在本校專修科檔案工作者專修班系肄業八個月年期滿成績及格准予畢業此證

中國人民大學校長 吳玉章

系班主任 吳寶康

公曆一九五三年七月 日

齐得平校友捐赠1953年专修科
毕业证书
档号：1953-ZL1304-4

（胡玲玲）

档案专业的开办

1953年7月，专修科档案班第一期毕业学员合影

新中国成立初期，大量旧政权的“材料”被接管，中国还没有档案馆，所以培养专门的档案干部、设立档案馆、发展档案事业，就成了当务之急。中共中央办公厅和中央组织部、中央宣传部委托当时刚刚命名组建的、专门培养新中国建设干部的中国人民大学，在学校专修科内开设一个不归属任何系的档案班来担此重任。

1952年4月24日，中共中央办公厅和组织部向全国发出《关于中国人民大学档案工作训练班招生的通知》，抽调各大区、省（市）及中央机关的在职档案工作干部到京进行专业培训。吴宝康任专修科档案班班主任，周恩来总理亲自与苏联方面联系，聘请苏联历史档案专家姆斯·谢列兹涅夫来校讲学。当年11月15日，第一期专修科档案班举行开学典礼，谢列兹涅夫在致辞中对开办专修科档案班的意义给予了高度评价，他表示，中华人民共和国第一个档案专修班的开办是“新中国文化建设史上的一个重大的事件”。同年底，学校成立了直接隶属校部的档案教研室，吴宝康兼任教研室主任。同时，从档案班中抽出学员举办研究生班，培养档案专业教师，为此后继续开办档案班基本解决了师资问题。

吴宝康（后排右二）与第一届档案研究生班学员合影
档号：RW–吴宝康–SX12.17–18

1953年7月，第一期专修科档案班学员毕业。第一期专修科档案班由苏联专家谢列兹涅夫亲自授课，总共培养了一百余名学员。这些学员毕业后被分配到国家重工业部、外交部、中央人事部、中央军委、国家计划委员会等单位工作。

1953年9月，专修科档案班扩大为直接隶属校部的档案专修科，档案专修科下设档案教研室，吴宝康任档案专修科主任。1954年1月，第一届研究生班学员9人毕业，全部留校任教，使档案专业教师队伍得以扩充。同时，此前的档案教研室改设为档案历史教研室和档案教研室两个教研室。

1955年4月，经高等教育部决定，中国人民大学档案专修科改建为历史档案系，吴宝康任系主任，担负起为全国各级档案管理机关和各级档案馆（室）培养档案工作干部的任务，保证培养的档案工作干部既有马列主义理论知识，又有全面档案业务知识。之前的档案历史教研室、档案教研室也进一步改设为档案历史与组织教研室、国家机关史与文书处理学教研室、档案工作理论与实践教研室、文献公布学教研室四个教研室。1955年6月3日，国家档案局专门印发了《关于报考中国人民大学历史档案系本科的

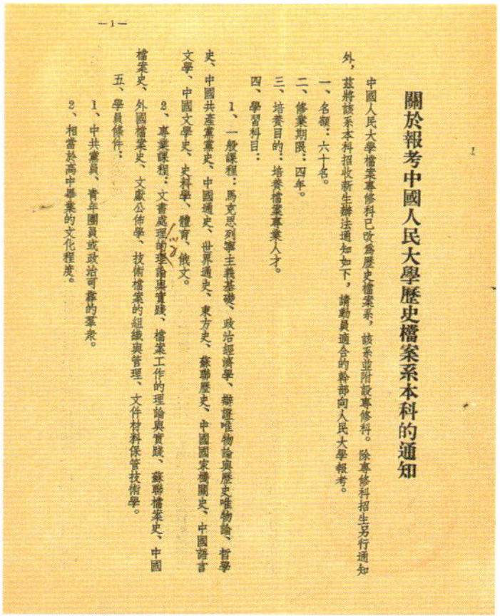

—1—

關於報考中國人民大學歷史檔案系本科的通知

中國人民大學檔案專修科已改爲歷史檔案系，該系並附設專修科。除專修科招生另行通知外，茲將該系本科招收新生辦法通知如下，請動員適合的幹部向人民大學報考。

一、名額：六十名。

二、修業期限：四年。

三、培養目的：培養檔案專業人才。

四、學習科目：

1、一般課程：馬克思列寧主義基礎、政治經濟學、辯證唯物論與歷史唯物論、哲學史、中國共產黨黨史、中國通史、世界通史、東方史、蘇聯歷史、中國國家機關史、中國語言文學、中國文學史、史料學、體育、俄文。

2、專業課程：文書處理的理論與實踐、檔案工作的理論與實踐、蘇聯檔案史、中國檔案史、外國檔案史、文獻公佈學、技術檔案的組織與管理、文件材料保管技術學。

五、學員條件：

1、中共黨員、青年團員或政治可靠的羣衆。

2、相當於高中畢業的文化程度。

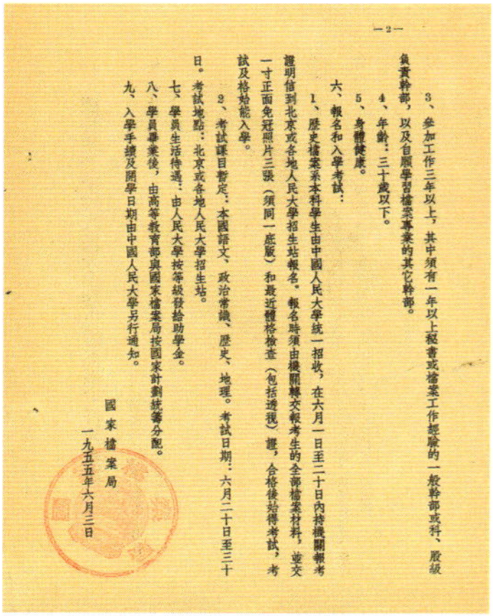

—2—

3、參加工作三年以上，其中須有一年以上秘書或檔案工作經驗的一般幹部或科、股級負責幹部，以及自願學習檔案事業的其它幹部。

4、年齡：三十歲以下。

5、身體健康。

六、報名和入學考試：

1、歷史檔案系本科學生由中國人民大學統一招收，在六月一日至二十日內持機關報考證明信到北京或各地人民大學招生站報名。報名時須由機關轉交報考生的全部檔案材料，並交一寸正面免冠照片三張（須同一底版）和最近體格檢查（包括透視）證，合格後始得考試，考試及格始能入學。

2、考試課目暫定：本國語文、政治常識、歷史、地理。考試日期：六月二十日至三十日。考試地點：北京或各地人民大學招生站。

七、學員生活待遇：由人民大學按等級發給助學金。

八、學員畢業後，由高等教育部與國家檔案局按國家計劃統籌分配。

九、入學手續及開學日期由中國人民大學另行通知。

國家檔案局

一九五五年六月三日

1955年6月3日，国家档案局印发的《关于报考中国人民大学历史档案系本科的通知》

档号：1956-XZ16-12-1

通知》和《关于中国人民大学历史档案系专修科一九五五年暑期招生的通知》。9月，历史档案系第一届本科班开学，学制为四年。同时，继续招收专修班学员。

1956年6月，系主任吴宝康作为档案专家参加了国务院科学规划委员会制定《1956—1957年哲学、社会科学规划纲要（草案）》工作。这份《纲要》将档案学列为独立学科，并确定了档案学的研究项目和任务。

人民大学档案学科自创设以来，机构几经变化。1958年，历史档案系归档的《本系五年半来工作基本总结、统计表与今后五年工作规划》（档号：1958-XZ16-12-2），比较全面地梳理了该系组织机构发展情况及学生、毕业生的情况。

从这份档案也可以看出，仅1952—1956年档案专修科就毕业456人，其中毕业后分配在中央党政机关的有160人，分配在各省市档案机关的有210人，分配在军队系统的有73人，留校工作的有13人。对上海市委等15个单位75名毕业生的抽查显示，其中仍继续从事档案工作的57人，这57人中：时任处长2人，科长22人，科员33人；级别为14/15级4人，16/17级17人，18/19级27人，20级以下9

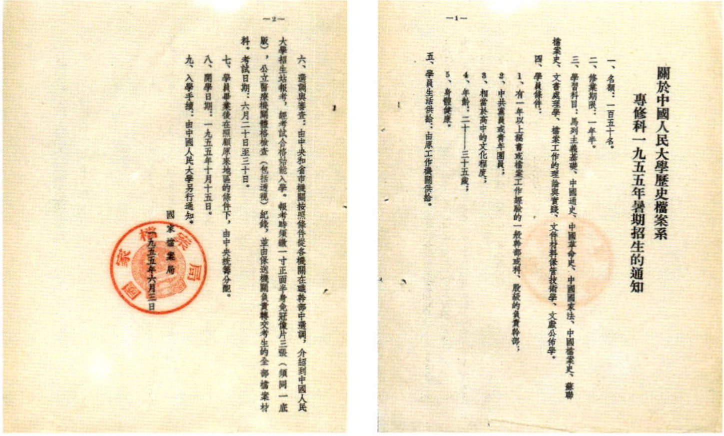

—1—

關於中國人民大學歷史檔案系
專修科一九五五年暑期招生的通知

一、名額：一百五十名。
二、修業期限：一年半。
三、學習科目：馬列主義基礎、中國通史、中國革命史、中國國家法、中國檔案史、蘇聯檔案史、文書處理學、檔案工作的理論與實踐、文件材料保管技術學、文獻公佈學。
四、學員條件：
1、有一年以上秘書或檔案工作經驗的一般幹部或科、股級的負責幹部；
2、中共黨員或青年團員；
3、相當於高中的文化程度；
4、年齡：二十——三十五歲；
5、身體健康。
五、學員生活供給：由原工作機關供給。

—2—

六、選調與審查：由中央和省市機關按照條件從各機關在職幹部中選調，介紹到中國人民大學招生站報考，經考試合格始能入學。報考時須繳一寸正面半身免冠像片三張（須同一底版），公立醫療機關體格檢查（包括透視）紀錄，並由保送機關負責轉交考生的全部檔案材料。考試日期：六月二十日至三十日。
七、學員畢業後在照顧原來地區的條件下，由中央統籌分配。
八、開學日期：一九五五年十月十五日。
九、入學手續：由中國人民大學另行通知。

國家檔案局
一九五五年六月三日

1955年6月3日，国家档案局印发的《关于中国人民大学历史档案系专修科一九五五年暑期招生的通知》

档号：1956-XZ16-12-1

人。这些学员毕业后基本都成为了中央各部门和各自省区市档案工作的中坚力量，在档案岗位上发挥了巨大作用。

1956年《国务院关于加强国家档案工作的决定》中提出："今后国家的档案工作干部，除由中国人民大学历史档案系进行培养外，特别应该注意分层负责地开办短期训练班加强在职干部的业务学习，结合实际工作，提高其业务水平。国家档案局和中国人民大学历史档案系对档案学及其他辅助科目，应该加强研究工作，以提高科学水平。"国家对一所学校的一个学科如此重视，提出的要求如此具体，在新中国高等教育史上是非常少见的，由此可见中国人民大学的档案学科在新中国档案事业中的重要地位和巨大影响。

（贺雪莹）

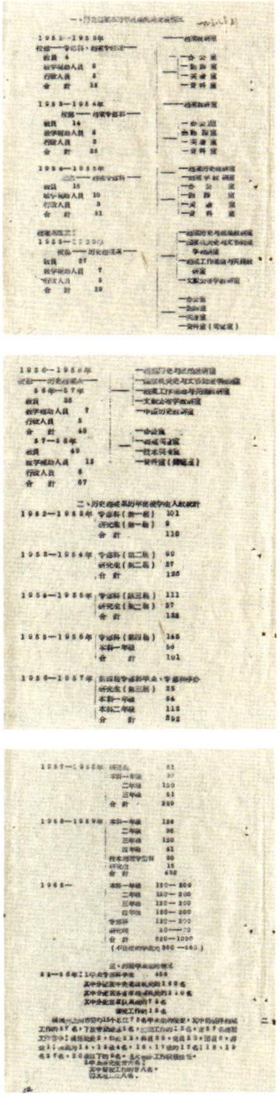

历史档案系归档的《本系五年半来工作基本总结、统计表与今后五年工作规划》

档号：1958-XZ16-12-2

吴宝康与中国人民大学档案馆的创建

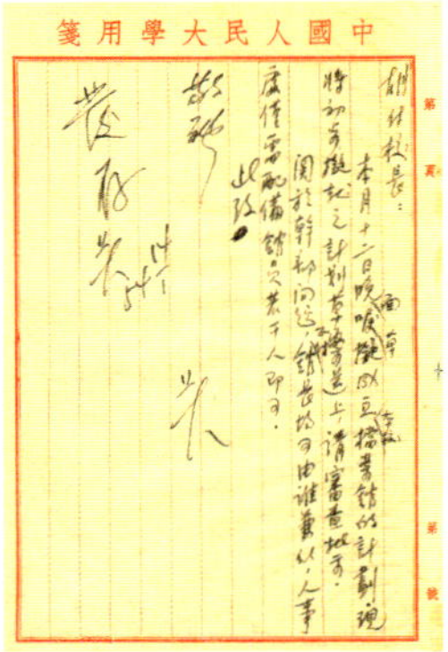

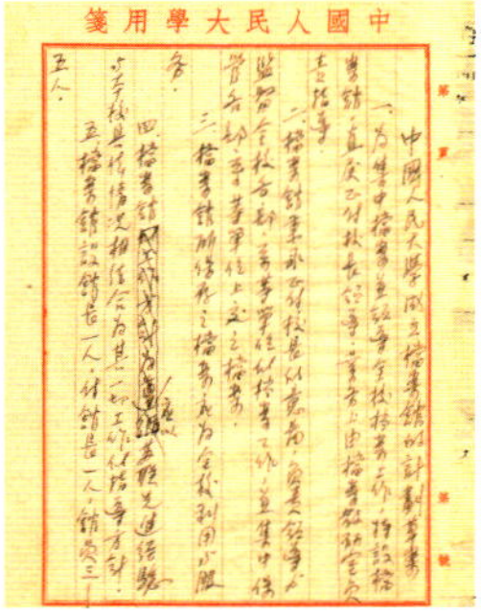

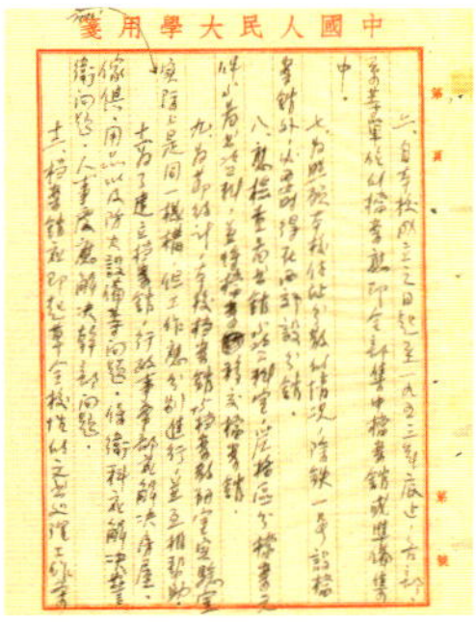

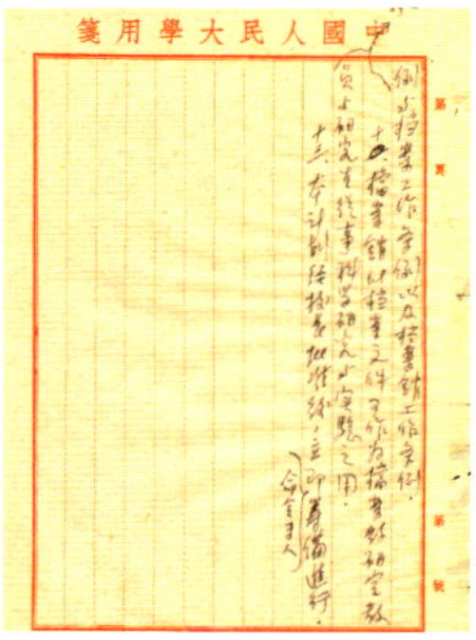

吴宝康关于档案馆建制、人员配备、展开工作的时间等问题提交校领导的报告

档号：1954-XZ11-XB-5.0003

吴宝康是新中国档案教育的创建人、奠基人，为新中国档案事业的发展做出了杰出贡献。作为中国人民大学首任档案教研室主任，吴宝康不仅为新中国档案学科的发展做出了巨大贡献，同时，作为首任馆长，他一手筹建了中国人民大学档案馆，把档案学的教学研究与档案馆的业务实践相结合，保证了档案馆甫一成立，就运行在科学规范的轨道上。

一、亲自筹备创建档案馆

1954年1月12日，时任中国人民大学副校长胡锡奎面嘱档案专修科主任兼档案教研室主任吴宝康草拟成立档案馆的计划。仅过两日，吴宝康就正式向胡锡奎副校长呈交《中国人民大学成立档案馆的计划草案》（以下简称《草案》），《草案》就成立档案馆的目的以及档案馆的职责、服务对象、建制、人员配备、工作计划等重要事项进行了详细说明。

从校长办公室戈平给吴宝康的两份文书得知：1月23日，胡锡奎、邹鲁风两位副校长已批示同意成立档案馆。2月20日，戈平正式请吴宝康草拟成立档案馆的命令。

《草案》几经讨论修改，2月22日，吴宝康向胡、邹两位副校长提交报告，就《草案》中有关档案馆建制、人员配备、展开工作的时间进行了修改，并对上述三项重要问题进行了更加明确而详细的说明。

关于建制，“在建制上是独立的由校长直接领导，不能成为档案教研室下的机构，与实验室也不能说实际是同一机构，只能说在目前业务和建设工作实际发展上有必要由档案教研室负责指导监督……”

关于人员配备，“档案馆基本成员拟以目前实际情况由校长办公室、档案教研室各抽一人，先进行工作，名义为馆员，再从现有一般同志中抽调有初中文化水平，思想意识，政治条件好者二人为练习者，兼任的正副馆长专由人事处报请校长决定”。

关于展开工作的时间和工作内容，“拟从三月份起开始工作，然后根据计划拟写出‘文书处理工作条例’‘档案工作条例’‘档案馆工作条例’，由校长命令公布之，档案馆成立的命令，应在二月份公布”。

由此可以看出，中国人民大学档案馆由吴宝康亲自主持筹建，自成立之日起，便是一个由校长直接领导的独立机构，实际业务和建设工作由当时较为成熟的机构——档案教研室负责监督，人员配备素质较高，虽然筹备时间短，但各方面考虑周到，短短一个月，便付诸实施。

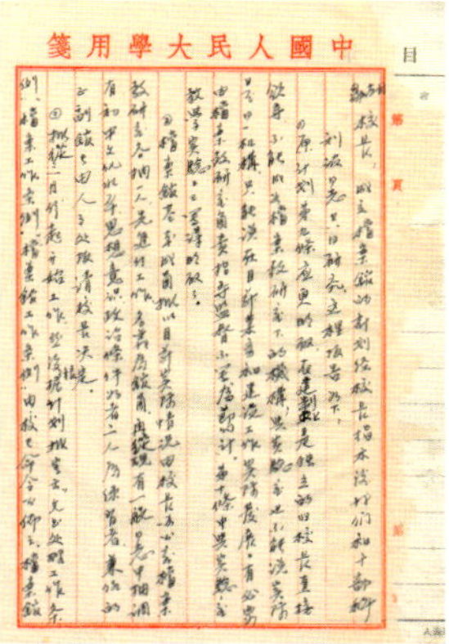

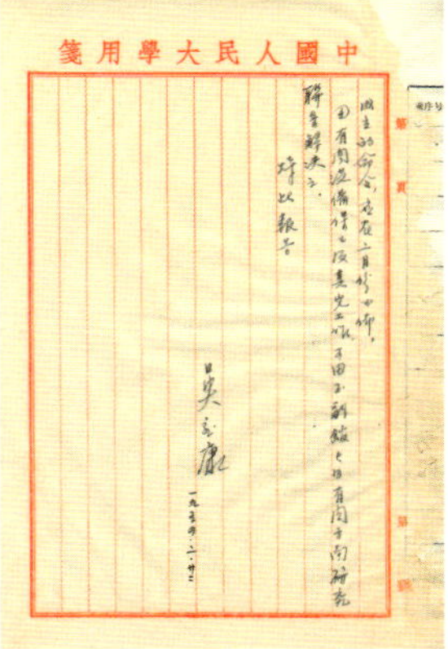

吴宝康关于档案馆建制、人员配备、展开工作的时间等问题提交校领导的报告

档号：1954–XZ11–XB–5.0003

二、兼任中国人民大学档案馆首任馆长

经过前期的充分准备，吴宝康代拟了成立中国人民大学档案馆的文件。1954年3月11日，文件以第六号校长命令的形式由吴玉章校长签发。

命令中明确提出了成立档案馆的目的是“为集中管理全校档案文件，以便充分地服务于教学与科学研究工作，并学习苏联先进经验，彻底改革我校的档案工作与文书处理工作，以提高工作效率起见，特决定在校长直接领导下，成立档案馆”。

档案馆的领导配备，“现任命档案教研室主任吴宝康同志兼馆长，校长办公室秘书科长戈平同志兼副馆长”。

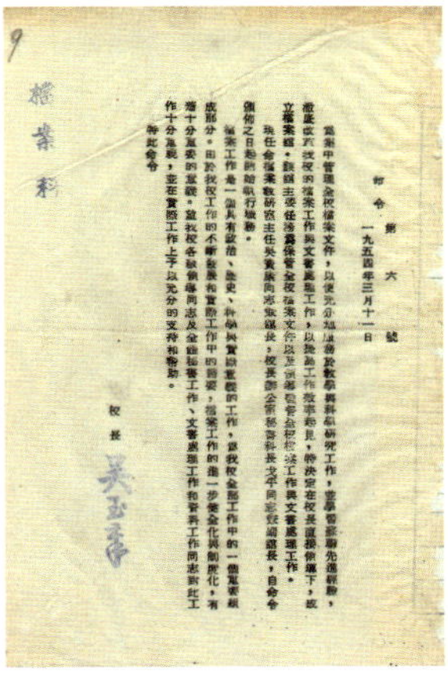

1954年3月11日，第六号校长命令

档号：1954–XZ11–XB–5.0004

档案馆的工作性质，“档案工作是一个具有政治、历史、科学与实际意义的工作，为我校全部工作中的一个重要组成部分。由于我校工作的不断发展和实际工作的需要，档案工作的进一步健全化与制度化，有着十分重要的意义。望我校各级领导同志及全体秘书工作、文书处理工作和资料工作同志对此工作十分重视，并在实际工作上予以充分的支持和帮助”。

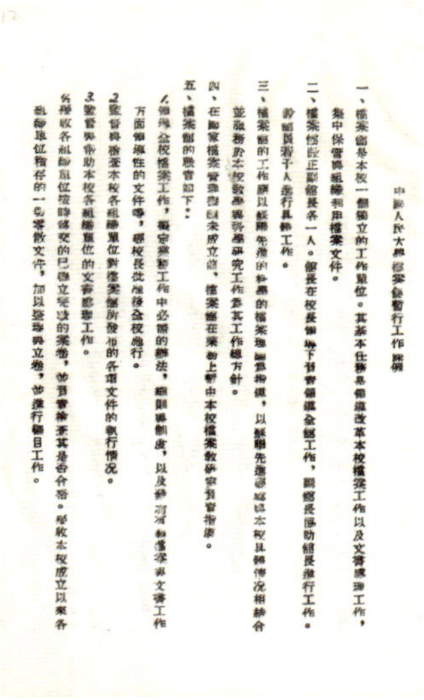

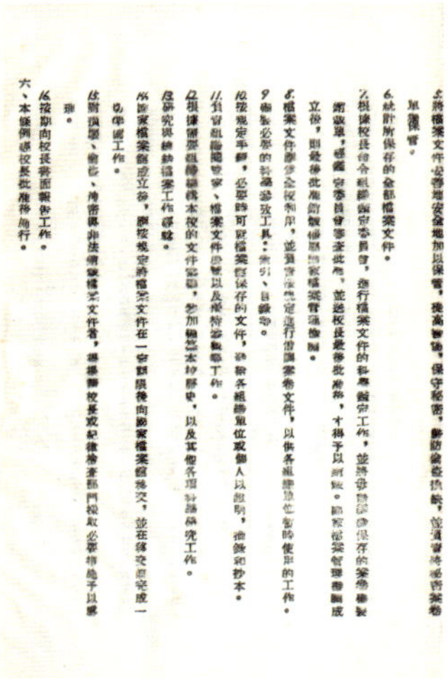

《中国人民大学档案馆暂行工作条例》

档号：1954–XZ11–XB–5.0005

由此，新中国高等学校中第一个档案馆正式成立，首任馆长由吴宝康兼任，比1959年6月成立的中央档案馆整整早了5年。

三、主持起草、修改《中国人民大学档案馆暂行工作条例》

吴宝康起草的《草案》第十二条明确规定：“档案馆应即起草全校性的文书处理工作条例与档案工作条例以及档案馆工作条例。”

1954年3月18日，档案馆成立仅仅一周，《中国人民大学档案馆工作条例草案》（以下简称《条例草案》）便制订完成。吴宝康致函戈平，请其提出意见，落款和公章是“中国人民大学档案教研室”，由此可见，《条例草案》的起草由档案教研室负责，充分体现了由吴宝康主持的档案教研室对于档案馆工作的指导作用。

3月22日，吴宝康将《条例草案》批转给俄文翻译韩玉梅老师：“能否抽个时间口译给专家提意见。”韩玉梅老师为落实此要求，直接将《条例草案》全文翻译为俄文，并提供给当时在人民大学的苏联档案专家谢列兹涅夫征求意见，谢列兹涅夫也反馈了意见。由此，《条例草案》充分借鉴了苏联在档案工作上的先进经验。

根据吴宝康在《条例草案》上的批示，此草案经过至少三次比较大的修改才定稿。1954年4月2日，吴玉章校长颁布第十号校长令，正式公布实施《中国人民大学档案馆暂行工作条例》（以下简称《条例》）。

《条例》具体内容共六条，第一条明确了档案馆的建制和工作内容：“档案馆是本校一个独立的工作单位。其基本任务是领导改革本校档案工作以及文书处理工作，集中保管与组织利用档案文件。”

第二条对于工作人员的职责进行了设定：“档案馆设正

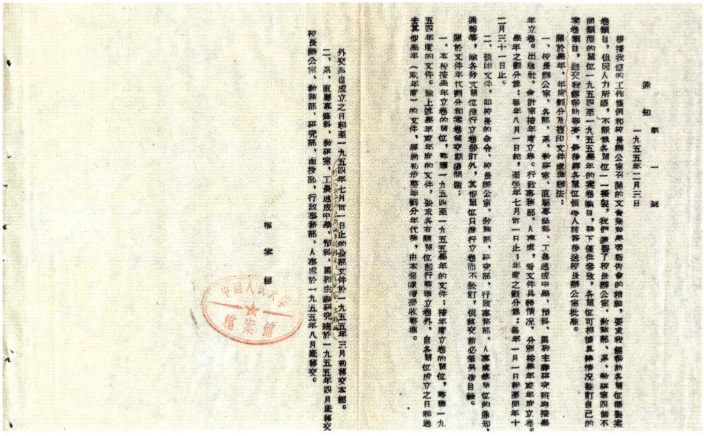

通知 第一號

一九五五年二月三日

根據我館的工作條例和校長辦公室召開的文書業務聯繫會的精神，要求我館幫助各單位編製案卷類目，但因人力所限，不能給各單位一一編製，我們只編製了校長辦公室、教務部、系、教研室四個不同類型的單位一九五四至一九五五學年的案卷類目，發下僅供參考，各單位可根據具體情況擬訂自己的案卷類目，送交我館幫助審查，再經各單位領導人核簽後送校長辦公室批准。

關於學年、年度劃分及複印文件處理辦法：

一、校長辦公室、各部、系、教研室、直屬專修科、工農速成中學、預科、馬列主義研究班均按學年立卷。出版社、會計室按年度立卷。行政事務部、人事處，看文件具體情況，分別按學年或年度立卷。

學年之劃分爲：每年八月一日起，至次年七月卅一日止；年度之劃分爲：每年一月一日起至同年十二月三十一日止。

二、複印文件，如校長的命令，校長辦公室、教務部、研究部、行政事務部、人事處等單位的通知、通報等，除各發文單位應行立卷歸檔外，其他單位只應行立卷而不裝訂，但移交前必須另作目錄。

關於文件年代劃分和案卷移交期限問題：

一、本校按學年立卷的單位，應將一九五四至一九五五學年的文件；按年度立卷的單位，應將一九五四年度的文件。除上述學年或年度的文件，要求各有關單位即行整理立卷外，自各單位成立之日起過去實際學年（或年度）的文件，經過初步整理劃分年代後，由本館陸續接收整理。

外交系自成立之日起至一九五四年七月卅一日止的全部文件於一九五五年三月前移交本館。

二、系、直屬專修科、教研室、工農速成中學、預科、馬列主義研究班於一九五五年四月底移交。

校長辦公室、教務部、研究部、函授部、行政事務部、人事處於一九五五年八月底移交。

檔案館

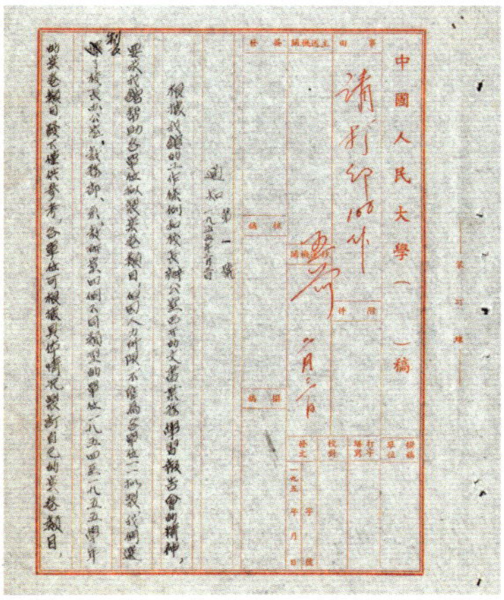

中國人民大學（ ）稿

通知 第一號

請打印100件

《关于学年年度划分及复印文件处理办法的通知》

档号：1955-XZ11-XB-16.0001

副馆长各一人。馆长在校长领导下负责领导全馆工作，副馆长协助馆长进行工作。设馆员若干人进行具体工作。”

第三条明确了档案馆的工作方针：“档案馆的工作应以苏联先进的科学的档案理论为指导，以苏联先进经验与本校具体情况相结合并服务于本校教学与科学研究工作为其工作总方针。”

第四条明确了档案馆与档案教研室的关系：“在国家档案管理机构未成立前，档案馆在业务上暂由本校档案教研室负责指导。”

第五条明确了档案馆的16条职责，对于档案馆的工作内容予以明确和具体的规定。

第六条规定：“本条例经校长批准后施行。”

《条例》内容与《草案》内容一脉相承，其修改过程由吴宝康亲自把关，这些都可以从《条例》修改的流转过程中的各种会签文件中找到依据。1953年第10期《档案工作》全文转载了《中国人民大学档案馆暂行工作条例》，为国内高等院校档案馆的建设提供了重要借鉴。

吴宝康自1954年3月11日开始兼任馆长，至1955年1月卸任，虽然只有短短十个月，但从档案馆的筹建到正式运

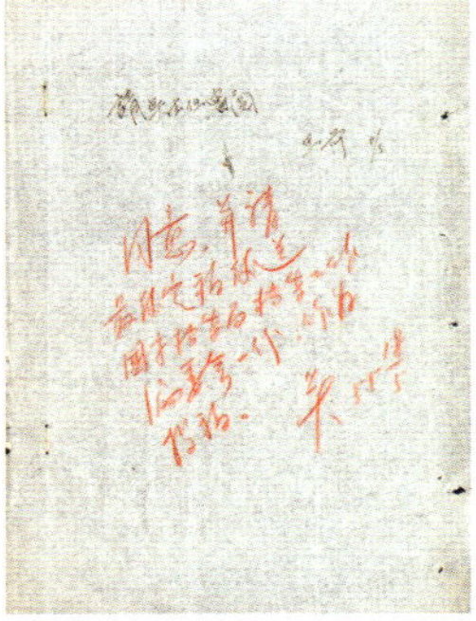

《关于本校全宗文件材料划分年代中的问题的处理办法》
档号：1955-XZ11-XB-16.0002

行，他始终亲力亲为，甚至在他卸任档案馆馆长一职后，1955年1月31日和同年5月18日，还分别主持审定了《关于学年年度划分及复印文件处理办法的通知》和《关于本校全宗文件材料划分年代中的问题的处理办法》。

值得一提的是，1954年12月至1959年10月，吴宝康不仅在中国人民大学任职，还同时兼任中共中央办公厅秘书局三处（即中央档案馆筹备处）副处长，因此在他领导中国人民大学档案馆创建和各项规章条例出台的过程中，突出地贯彻了理论联系实际的要求，鲜明地体现出将档案实务探索与档案学科建设紧密结合的特点。特别是从时间上看，中国人民大学档案馆的创建与中央档案馆的筹备差不多同步，由于吴宝康参与了中央档案馆筹建工作的全过程，中国人民大学档案馆的创建也具备了高起点、高标准的条件，体现了规范化、科学化的特点，作为新中国高等学校第一个档案馆，为我国高校档案事业开创了良好的开端。

（杨文娜）

新中国高教领域函授教育的开端

函授教育作为一种重要的教育形式，在教育资源有限的情况下为人才培养发挥了重要作用。在高等教育领域，中国人民大学是新中国最早开展函授教育的高校，享有很高的声望和地位。查阅人民大学档案馆馆藏档案，可以找到一份珍贵的报告。1951年10月12日，为创办函授教育，吴玉章校长，胡锡奎、成仿吾副校长联名致函中共中央办公厅负责人胡乔木、中共中央组织部部长安子文、教育部副部长钱俊瑞，报告有关函授教育的设想和规划，并请他们转呈刘少奇。11月5日，刘少奇对此报告做出批示，指示可在京津及其他城市的若干机关先行试办，待有经验后，再发指示，函授部亦从缓办，先行试办。这份档案应该说对中国人民大学函授教育具有奠基意义，而由于人民大学函授教育的地位和影响，这份文件对整个高教领域的函授教育都具有重大意义。

报告提到，在此之前，1951年6月，吴玉章校长，胡锡奎、成仿吾副校长曾联名向中共中央和教育部提出在中国人民大学创办函授教育的请示报告，已获得中央同意。而这份报告是“与熟悉函授教育的苏联专家协商并由函授教育筹委会提出”的具体方案。由此可以看到，由于当时新中国刚刚建立，正处于全面向苏联学习的阶段，而苏联对函授高等教育非常重视，在上世纪二三十年代已经取得长足的发展，新中国成立后大力发展的函授高等教育在一定程度上也是学习苏联的产物。

报告提出的具体方案主要内容是:

（一）开设函授专修班，条件具备后再增设函授系。“先开设统计、会计、经济计划、财政、银行、合作社、工管、贸易等八个函授专修班”，学习时限均为一年半。第一期于1952年2月开始学习，计划先在北京、天津、上海、武汉、沈阳等五个城市创办，“招生名额暂定一千至二千名”。

（二）招生办法采取与有关企业、部门协商，由各有关部门负责保送，经考试录取。目前只招收正在从事专业工作的干部参加学习，以便迅速提高水平，为国家建设服务。

（三）函授课程计划参照专修科的教学计划，照顾函授生的时间，稍加精简，委托筹委会专家协商审定。

（四）学校增设函授部，设正副部长各一人，教务处主任两人，科长三人，教学辅导站主任五人，共十二人。

（五）函授教育的特点是函授生不脱离原工作岗位，因此除学校在教学计划与教学方法上需要创新外，还须中央明确制定有关函授教育的若干制度，保证函授教学能够顺利开展。

报告还向中央提出了若干关于函授教育的建议。

一是有函授生的机关必须把函授教育视为培养干部、提高干部的专业知识与思想理论水平的重要工作，视为改进本部门工作的重要途径，要“很好地调整函授生的各项工作分工”，保证其学习时间。应免除其夜间工作，并“每星期两次缩短他的工作时间，每次缩短两至三小时”。在进行检查作业时，“应尽量每月免除他一两天的工作”。

二是如果不可能在当地组织考试的话，各机构“必须准许函授生来人民大学参加学年考试”，并“酌发来往路费”。各机构应发给供给制干部讲义费，对低薪干部应酌予补助。

三是各机构负责人有责任监管函授生的学习，其他社会组织亦须给予鼓励和督促，以此作为培养干部的重要工作。

四是为更好地组织函授生的教学，人民大学须在各大城市设立教学辅导站，需要向有关学校和机构聘请教员，借用图书、仪器等设备和必需的房屋。为此，各地区的教育行政机构与有关学校、有关部门应“给予极大协助”。

从这份档案可以看出，学校对于函授教育已经作了非常充分的研讨，提出的方案非常具体、务实，对招生对象、开设专业、学习时限、举办地点、招生人数、教学计划、组织机构等方面都有详细设计，具有可操作性。而报告向中央提出的建议也非常具体，特别是对函授生所在单位关于保证学习时间、从经济上予以补助等具体要求，为函授生的学习提供了有力保障，也解决了他们的后顾之忧。而对各地区教育行政机构和有关学校、部门提供协助的要求也为教学辅导站的设立提供了重要保障。

最为重要的是，此报告得到了刘少奇的批示，大大提升了报告的权威性和重要性。从刘少奇的批示来看，他对此方案是基本认同的，同时又保持非常审慎的态度，同意进行试办。他所提出的“试办”有两层含意：第一，人民大学创办函授教育在我国史无前例，没有现成的经验可循；第二，人民大学要在中央和教育部的关怀和领导下，进行高等函授教育探索，逐步积累办学经验，除了不断完善自身的函授教育以外，还要考虑为其他大学创办函授教育提供参考经验。根据刘少奇的批示精神，我国高等教育领域函授教育就此走出了第一步，这份报告也是我国创办高等函授教育的重要文件。

根据此报告和刘少奇批示意见，中国人民大学迅速落实相关工作，11月17日，学校成立校函授教育委员会，成仿吾副校长兼任主任，李新、尹达、阎子元、张树楠任委员，开始试办函授专修班。函授专修班的专业设置、学习时限、招生对象、招生人数、开学时间完全按照报告中所提方案设计。仅仅经过两个月的紧张筹备，学校就在北京、天津、太原招生2 893人，本拟于1952年2月7日开学，后因“三反”运动的影响而推迟。1952年11月，学校做出决定，函授生于1953年2月7日正式开学，在此之前应完成函授生开学的各项准备工作，包括建立健全函授部，配齐各函授站干部，成立函授教研室，任命系属函授教研室主任及安排各课教师，编写出版供第一学期使用的函授教材。1952年12月，在函授教育委员会的基础上，学校成立了中国人民大学函授部，由邹鲁风副校长兼任部长，调财政系主任崔希默任副部长（此后阎子元、李培之先后于1953年8月、1955年7月任部长，胡林昀于1953年8月任副部长）。函授部下设函授系、函授教研室、秘书科、教务科，共有工作人员30余名，在北京、天津、太原设立了函授站。

1953年2月7日，第一批函授生如期入学，学校在北京、天津、太原三地同时举行开学典礼，在社会上引起了广泛影响。1953年10月17日，《人民日报》以《中国人民大学的函授专修班》为题，对学校的函授教育进行了报道，新中国高等函授教育就此拉开了序幕。

（蒋利华）

开办马克思列宁主义夜大学和夜校

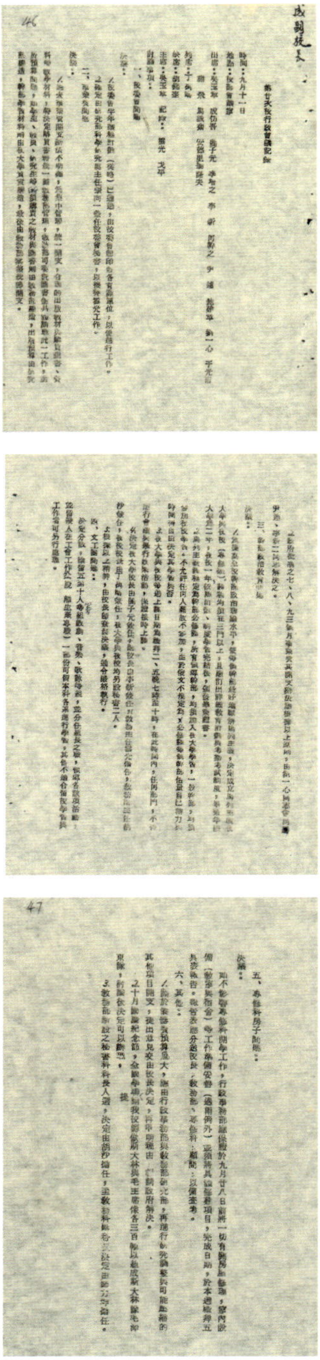

第二十次校行政会议记录

档号：1950-XZ11-XB-23-19.00

建校伊始，时值新中国成立之初，迫切需要大量管理干部和各行各业的建设人才，也迫切需要提高干部的政治理论水平。在此形势下，中国人民大学决定成立马克思列宁主义夜大学与夜校，开展干部在职业余学习教育，中国人民大学也成为了新中国最早开设马克思列宁主义夜大学与夜校的高校之一。

1950年9月11日，学校召开第二十次校行政会议，讨论干部的政治教育问题，会议形成决议，决定成立马克思列宁主义夜大学与夜校。

决议的具体内容包括：

（一）夜大学和夜校的课程均须在三门以上，且应订出详细教育计划与考勤考试制度。毕业年限，夜大学为二年，夜校一年，依照计划、制度，学习完结后，颁发毕业证书。

（二）马列主义课程定为干部必修课，所有领导干部，均须加入夜大学学习；一般干部，均须参加夜校学习。不允许任何人借故不参加。

（三）夜大学与夜校，每周上课时间为星期二、五晚上七时至十时。在此时间内，任何部门，不得进行会议与举行娱乐活动，保证按时上课。

（四）夜大学校长由阎子元兼任，副校长由李新兼任，教务主任由云光担任，教务副主任由胡沙兼任，夜校校长由丁禹畴兼任。夜大学与夜校分设秘书二人。

（五）根据以上精神，由校长即签发决议，通令严格执行。

1950年9月19日，马克思列宁主义夜大学和夜校开始上课，主要讲授政治经济学、马列主义基础、哲学和中共党史等理论课程。学校高度重视马克思列宁主义夜大学和夜校相关工作，在社会上也引起了相当大的影响。有关档案显示，人民大学首期夜大学学员600余人，夜校学员700

1955年3月27日，中国人民大学马克思列宁主义夜大学毕业生297人领到毕业证书
档号：1955–SX12.12–1

余人，其中包括中央各部门、北京市委及所属各区在职干部400余人。1953年10月，学校在职干部参加夜大学、夜校学习的有1 218人，中央和北京市各机关团体参加学习的有824人，共计2 042人，另有旁听生104人。1956年根据北京市委的指示，培养政治理论教育工作干部和政治工作干部，9月15日，马克思列宁主义夜大学举行招生考试，在北京录取400余名考生，于10月22日开始上课。1959年4月，夜大学分设高级班和普通班，学员分别达到800人和250人。1960年夜大学停办当年，学员达到2 200人，其中中国人民大学教师干部300人，北京各单位干部1 900人。

马克思列宁主义夜大学和夜校的办学效果也得到了学员的高度认可。《教学与研究》杂志1953年第二期发表了马克思列宁主义夜大学政治经济学班第四班撰写的文章《我们是怎样坚持马克思列宁主义夜大学学习的》。该班学员由财政系干部组成，他们在文中写道："自夜大学开课以来，由于具备了以下四个基本因素：行政重视，党团领导；干部学习的自觉性；订学习计划，写学习心得；班组的督促检查，使得学生们一直较好地坚持了学习，也得到了不少的收获。"

但后来由于三年自然灾害的发生和其他一些不利因素，正常的高等教育都难以为继，夜大学和夜校的学习也就无法再继续进行了，1960年马克思列宁主义夜大学和夜校停办。

1978年人民大学复校后，恢复夜大学再次提上议程，最终于1983年7月下旬经教育部批准，学校重新成立夜大学。当年10月举行开学典礼，有政治学、图书档案、财务会计三个专业，招收了200多名学生。1984年2月，夜大学并入中国人民大学函授学院，当年招收第一批中文和法学专业本科学生，学制5年。1987年7月，夜大学进一步并入函授学院北京分院。

在中国人民大学命名组建之初就成立的马克思列宁主义夜大学和夜校，在一定的历史时期，为提高本校教师和中央及北京市各单位干部的理论水平，发挥了独特而重要的作用。以马克思列宁主义夜大学为开端，学校逐渐形成了现今函授教育、网络教育、非学历培训相互促进、协调发展的格局，在各个特定历史时期，有力地补充了全日制教育，为国家建设培养和输送了大批优秀人才。

（刘红静）

1953年中国人民大学参与院系调整工作始末

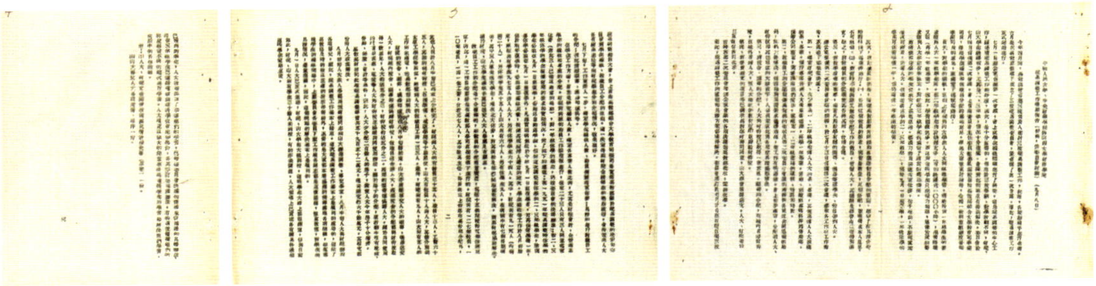

《中国人民大学、中央财经学院与山西大学财金学院院系调整工作报告（初稿，供委员会讨论）》

档号：1953-XZ11-XB-18

1952年，为满足培养经济建设急需的专门人才的需要，很多高等院校开始大规模进行院系调整。1953年，中央财经学院、山西大学财金学院合并到中国人民大学，这是中国人民大学校史上一个重大事件。馆藏《中国人民大学、中央财经学院与山西大学财金学院院系调整工作报告（初稿，供委员会讨论）》等一系列档案，详细记录了三校院系调整的过程。

三校院系调整工作从1953年4月开始到8月结束，共历时5个月的时间。4月间，高等教育部召集三校负责人讨论三校院系调整工作。6月29日，高教部成立三校院系调整委员会，并召开第一次会议，院系调整工作正式开始进行。会议研究并确定了三校调整合并工作计划，商定了三校调整委员会办公室正、副主任人选，初步讨论了教职工的调配和学生编班等问题。7月1日，三校调整委员会办公室召开第一次会议，讨论学生编级问题，并将其作为院系调整工作的重点。

7月2日，委员会在中央财经学院召开三校院系调整动员大会。会上首先由高教部综合大学教育司张勃川司长宣布高教部关于院系调整的决定和委员会对学生编级、教职员工分配的原则，中国人民大学邹鲁风副校长在会议上做报告。会后，人民大学各有关系主任向中央财经学院学生分别介绍情况，收到了很好的效果。

7月4日，委员会召开第二次会议，由委员会主任委

中国人民大学、中央财经学院、山西大学财金学院三校调整动员大会
档号：1953–SX12.11–10

员、中国人民大学副校长邹鲁风和高教部综合大学教育司李方扬副司长主持，提出学生编级和教职员分配的处理意见。经过会议讨论，确定了如下三项解决办法：首先，对学生的编级问题，原则上中央财经学院与山西大学财金学院学生与人民大学同年级学生共同学习，对一年级学生的要求与人民大学一年级相同，对二年级的学生，由于缺课太多，只能采取尽力补课的措施。另外，对病号和休学的学生也规定了处理原则。其次，对教职员的分配，根据高教部对共同课和专业课教员分配的原则，商定了在具体分配时应合情合理、各得其所，主要根据两点精神进行：第一，各单位对教职员在质量和数量上的要求应当相互配合，并应征求本人的意见，不可强求；第二，暂时不能开课又不能分配工作的教员，应当暂留人民大学，其编制及经费由政府特别开支。最后，会议商定了对教学设备的处理，确定图书、仪器等随学生、教员带到人民大学。

随后，三校调整委员会办公室根据第二次委员会会议的精神，在7月13日召开第二次会议，听取各工作组工作报告后，通过以下决定：第一，确定中央财经学院会计和企管两系一、二年级学生转入人民大学的系、专业，其

三校调整动员大会上邹鲁风作报告

档号：1953-SX12.11-9

他系转入人民大学的相应系、专业；第二，教职员工的分配根据高教部的指示及第二次委员会会议的精神与各单位共同协商的结果，问题大部分解决，个别问题有些困难，会议上初步确定分配到人民大学、财政干部学校和其他单位的大体人数；第三，对校舍、图书的分配，人民大学与财政干部学校已取得一致意见，图书分配上，在城内者分给财政干部学校，在城外者分给人民大学，原人民大学出版社的教材可以酌情发给财政干部学校；第四，经费开支的项目等已经请示高教部财务司同意，山西大学财金学院经费单独开支，人民大学、中央财经学院将预算报财务司批示。第二次委员会和办公室会议的各项决议送高教部批示，并经批准。至此，院系调整工作的原则和具体方案都得到落实。

7月下旬，三校院系调整工作取得了进一步的成效。确定了学生编级人数，并动员病号回家休养；具体推进教职员工的分配；彼此清点图书、仪器和家具等。在学生工作方面，首先是研究编级人数，确定各专业人数比例，尤其是中央财经学院会计、企管两系学生的编级和专业的分配。中央财经学院共有915人，包含病号20人，休学学生55人；山西大学财金学院共有60人，包括休学学生9人。中央财经学院、山西大学财金学院学生编级名单已经送至人民大学人事处及有关的系。教职员工的工作分配问题十分复杂，涉及15个院校和5个机关单位，此项工作自始至终是在高教部人事司直接领导下进行的。最终中央财经学院到人民大学的教员35人、职员13人、工警65人，其余的分配到财政干部学校、石油学院、航空学院等十余单位。山西大学财金学院有教员10人到人民大学，其余分配到太原工学院等单位。中央财经学院的校舍、图书、仪器和家具的分配在8月中旬即结束。山西大学财金学院也将应移交人民大学的图书、仪器送交人民大学。关于住房的分配，高教部财务司批准下拨院系调整经费共5 952万元（旧币），满足住房需求，实际开支6 000余万元（旧币），其超支部分由人民大学设法解决。

8月初，人民大学委派人事处处长张树楠到山西大学办理调整、移交事宜。8月中旬，人民大学与中央财经学院办理各项移交，院系调整工作基本结束。

这次院系调整工作得到高教部的正确指导和及时帮助，三所学校都本着协商的精神处理各项问题，因此，院系调整工作基本上是顺利的、成功的。9月1日，中国人民大学开学，中央财经学院和山西大学财金学院学生大部分按时到校，人民大学尽力解决他们在学习生活中的各种问题。

（甄佳航）

苏联专家在中国人民大学

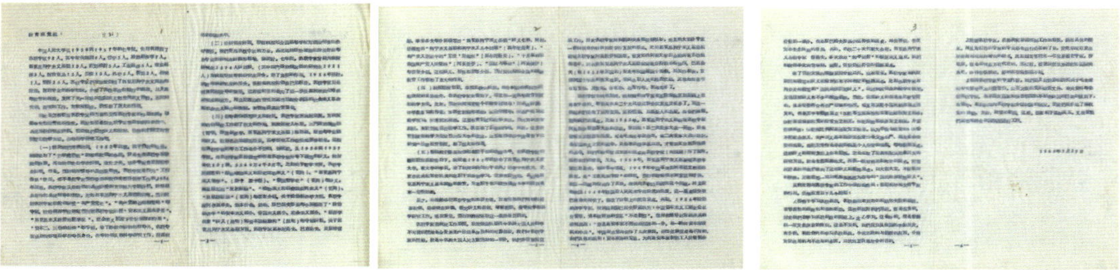

学校给教育部党组报送的《关于1950—1957年聘请苏联专家工作的报告》
档号：1960-DQ11-DB-5

中国人民大学在新中国成立伊始正式命名组建，旋即以学习苏联经验而成为全国高校的典范。1949年12月16日，中央人民政府政务院第十一次政务会议通过《关于成立中国人民大学的决定》，指出："为适应国家建设需要，中央人民政府政务院决定设立中国人民大学，接受苏联先进的建设经验，并聘请苏联教授，有计划、有步骤地培养新国家的各种建设干部"，并确立了学校的教育方针是"教学与实际联系，苏联经验与中国情况相结合"。苏联专家在人民大学的时间集中在20世纪50年代，具体来说是1950—1957年。这段时间在人民大学任教的苏联专家无论是人数、层次还是学科涵盖面，在全国高校中都处于前列。

中国人民大学档案馆藏有一份珍贵档案，是1960年学校给教育部党组报送的《关于1950—1957年聘请苏联专家工作的报告》。这份报告共6页，对1950—1957年这几年间苏联专家在人民大学工作的情况作了比较全面的总结。这份宝贵的档案资料，使我们对当时苏联专家在校工作的情况有了比较清晰的了解，对于学界研究苏联专家对我国高等教育的影响和作用，也有重要史料价值。

报告首先介绍了苏联专家来校的总体情况：从1950年到1957年的几年间，"先后聘请了苏联专家98人。其中校长顾问4人，哲学5人，政治经济学7人，马克思列宁主义基础10人，计划统计5人，工业经济5人，农业经济3人，财政贸易15人，法律10人，外交5人，新闻2人，档案1人，俄语26人”。从学科分布来看，苏联专家涵盖了当时主要的几个专业，由于需要解决工作语言的问题，俄语方面的专家相对较多。

报告总结了发挥苏联专家作用的形式，那就是“请苏联专家帮助我们培养教师，系统地给研究生讲课，帮助我们编写讲义和教材，协助我们建立教育制度和教学方法，指导科学研究工作等”。接下来，报告分五个部分总结了苏联专家工作的情况。

在培养教师方面，“1952年以前，限于当时的条件，我校采取了‘边学边教’的培养教师的办法，就是先由苏联专家给教师讲课，再由教师去给学生讲课。除此之外，部分苏联专家也直接给学生讲课”。之后，学校进一步明确苏联专家应 “作为‘工作母机’使用，而不是把专家当作普通的教师去承担教学工作”，1954年以后，“苏联专家从给教师的系统讲授的方法转为专题讲授、讲解经典著作和系统辅导的方法”。此外，“苏联专家还以教研室科学指导员身份，指导教师从事科学研究工作，提高教师的理论水平”。

在给研究生上课方面，学校请苏联专家系统地给政治理论和政法财经等各专业的研究生讲课和辅导。从1950年到1957年，“苏联专家曾经为我校研究生2 574人讲过课，（其中四门政治理论课的研究生2 021人），对我校完成培养研究生任务，起了重要的作用”。之后，为锻炼学校教师的教学能力，并让教育更加结合中国实际，提高教育质量，“1956年开始，我校培养研究生的任务，直接由我校教师自己来担任，苏联专家只是担负间接指导的责任”。而人民大学培养的研究生毕业后一部分留校任教，成为后来各学科领域的中坚力量，其余学生则分配到国内其他高校，在这些学校的学科建设中发挥了举足轻重的作用。特

学校领导与苏联专家合影

别是在财经、政法和哲学领域，人民大学的毕业生广泛分布于全国各大高校，并且大都是其中的学科带头人。

在指导教师编写讲义和教材方面，“从1950年到1957年间，由苏联专家直接编写的和在苏联专家指导下编写的讲义、教材共达101种，5569万4千5百字”。这些讲义、材料和原著介绍，对学校和全国的理论教育工作都起到了重大推动作用。

在建立教育制度和教学方法方面，人民大学参照苏联经验，结合学校实际情况和条件，在苏联专家帮助下，建立起一套高等教育制度和教学方法。当时学校规定的整个教学过程是：一是系统讲授，二是学生自习和作业，三是课堂讨论和实验，四是教师辅导，五是生产实习和教学实习，六是考试和测验。这套教育制度和教学方法，对学校组织开展教学工作起到了积极作用，同时，“对当时旧大

学的改造，以至在排除旧中国遗留下来的资产阶级教育制度”方面，发挥了很大作用。

在提高教师和在职干部理论水平方面，在苏联专家的建议和直接帮助下，学校创办了马克思列宁主义夜大学，学员除人民大学教师和干部外，还有中央机关、北京市机关和军委机关的在职干部，进行有计划的、系统的马列主义基本理论的教育，对提高在职干部政治理论水平发挥了相当积极的作用。

报告中也写道，由于学校高度重视与苏联专家的团结，学校教职员工与苏联专家都保持了良好的关系，以至苏联专家回国后几年直到撰写该报告的1960年仍然与学校保持联系，每逢节日写贺信、发贺电、寄礼物、送著作等等。

报告中还提到了学校教师与苏联专家在某些理论原则

问题上的分歧，比如1949年中国革命胜利后建立起来的政权是否是“工农民主专政”的政权、资本家所得定息是否是资本家“不劳动而应得的一份”等。对于这些分歧，学校采取了“坚持原则、坚持团结、以理服人的态度，向他们解释，阐明我们的观点”，有的苏联专家接受意见，修改观点，但有的专家仍然坚持自己的看法。苏联专家在人民大学期间编写的讲义和教材也反映出中苏两方观点不同程度的相左之处。

最后，报告总结了为更好发挥苏联专家作用必须注意的三个问题：一是要从我国的实际出发，有的放矢地学习苏联经验；二是“聘请苏联专家，必须确实根据实际工作的需要，提出具体的要求，并且对拟聘的专家的专长事先进行必要的了解，避免来校后发生聘非所用或用非所长的缺点”；三是“在不违反国家的保密制度和不影响两国的团结的原则下，有领导、有组织地向苏联专家介绍我国的情况，使他们更多地了解我党的路线、方针、政策的精神”，以便“使他们紧密地结合我国情况进行工作”。

总之，通过人民大学馆藏的这一份档案就可以看到，作为高等教育领域学习苏联经验的样板，人民大学20世纪50年代聘请苏联专家来校指导的情况具有非常重要的意义，经验和教训都值得很好地总结，对于当今我国高等教育学习吸收西方经验，也具有很好的借鉴意义。

（蒋利华）

早期留学生教育

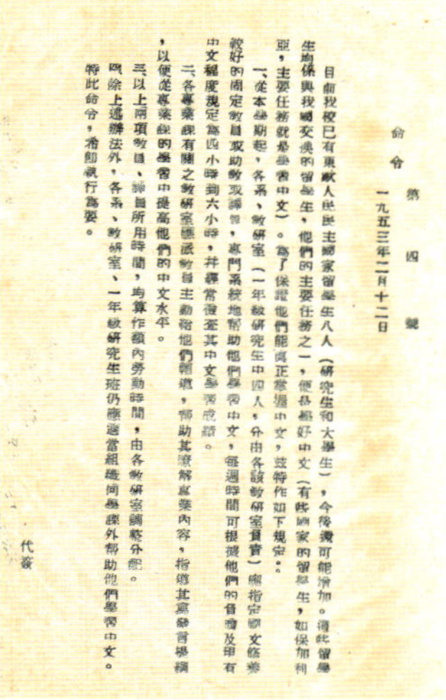

命令 第四號

一九五三年二月十二日

目前我校已有東歐人民民主國家留學生八人（研究生和大學生），今後還可能增加。這些留學生均係與我國交換的留學生，他們的主要任務之一，便是學好中文（有些國家的留學生，如保加利亞，主要任務就是學習中文）。為了保證他們能真正掌握中文，並特作如下規定：

一、從本學期起，各系、教研室（一年級研究生中四人，分由各該教研室負責）應指定國文修養較好的固定教員或助教及譯員，專門系統地幫助他們學習中文，每週時間可根據他們的程度及現有中文程度規定為四小時到六小時，並經常檢查其中文學習成績。

二、各專業課有關之教研室應派教員主動給他們輔導，幫助其瞭解專業內容，指導其寫發言提綱，以便從專業課的學習中提高他們的中文水平。

三、以上兩項教員、譯員所用時間，均算作額內勞動時間，由各教研室調整分配。

四、除上述辦法外，各系、教研室、一年級研究生班仍應適當組織同學課外幫助他們學習中文。

特此命令，希即執行為要。

代簽

1953年2月12日，第四号校长命令

档号：1953-XZ11-XB-24.0003

中国人民大学命名组建以来接收的最早两批留学生分别于1952年和1953年入学，共10人，其中研究生7人，本科生3人，均为男生。按国籍分，波兰留学生4人，分别是施乐文、董伯若、路爱德、柯来曼，均为研究生，其中施乐文、董伯若就读于革命史教研室，路爱德就读于外贸教研室，柯来曼就读于外交系；匈牙利留学生2人，分别是尤山度、戴伯纲，均为研究生，尤山度就读于革命史教研室，戴伯纲就读于政治经济学教研室；保加利亚留学生2人，分别是李希孟、毛多恕，其中李希孟是研究生，就读于政治经济学教研室，毛多恕是本科生，就读于外交系；罗马尼亚留学生1人，廖宁，本科生，就读于贸易系；印度尼西亚留学生1人，安满，本科生，就读于法律系。馆藏档案中有一份1953年8月28日撰写的《关于外国来华留学生的工作情况综合报告》（档号：1953-KY11-B-11.0006），该报告对这10名外国留学生的在校学习、生活情况作了比较详细的描述。

这10人中，除了保加利亚留学生毛多恕为插班生外，其余均是从一年级起，按照学校既定的教学计划进行学习，只有俄文、数学等个别课程因其程度已符合学校的标准，才准予免修。对7名研究生而言，分为两种培养方式：一种是学习期限为三年，第一学年集中学习政治理论，第二学年进入教研室学习专业知识；另一种是只研究一门专业，并以自修为主，每人有一个研究提纲和计划，有专人指导，到一定阶段作学习报告和进行考试。

对这10名留学生来说，最大的困难还是语言问题。他们中文程度各异，有的留学生中文较好，困难较少，有的中文较差，学习中遇到不少困难。来自东欧的9名留学生入校前还在北京大学中国语文专业专修班学习过一到两年。由于中文程度不够，有的本科生中文课听不懂，课堂讨论不能发言，或照提纲宣讲也念不成句；有的研究生看书速度较

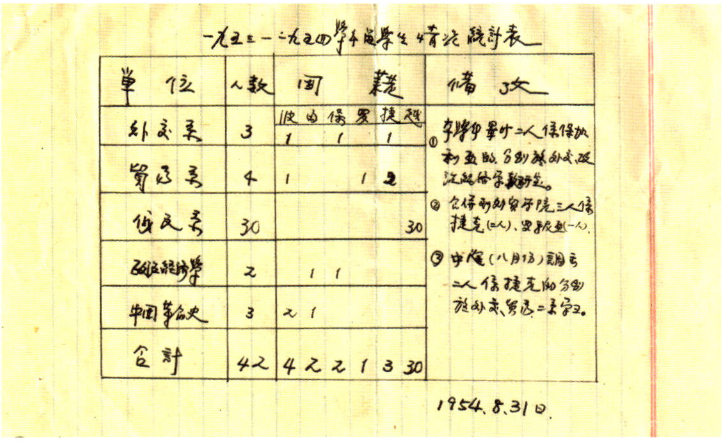

一九五三—一九五四學年留學生情况統計表

單位	人數	國籍 波	匈	保	罗	捷	越	備考
外交系	3	1		1		1		①李學中、畢竹二人係保加利亞的，分别在外交、政治經濟學教研室。 ②合併到對外貿易學院三人係捷克(二人)、罗馬尼亞(一人)。 ③中途(八月13)調走二人係捷克的，分别在外交、貿易二系学习。
貿易系	4	1			1	2		
俄文系	30						30	
政治經濟學	2		1	1				
中国革命史	3	2	1					
合計	42	4	2	2	1	3	30	

1954.8.31日

1953—1954年留学生情况统计表
档号：1954-JX13.14-XSCA19

慢，效率低。针对这种情况，依照高教部的指示，学校积极组织他们进行中文学习。开始时，规定留学生每人每周用6小时学习中文，由各有关教研室派教师指导。后来，每3人一组，由国文教研室派教师给他们订出计划，进行讲授和辅导。为帮助留学生学习中文，1953年学校专门印发了《关于帮助留学生学好中文》的校长令，提出了四点要求：

第一，各系、研究室应指定国文好的固定教员或助教专门系统地帮助留学生学习中文；第二，各专业课有关教研室应派教员给留学生进行辅导，帮助他们了解专业内容，指导他们撰写发言提纲，以便在专业课学习中提高中文水平；第三，以上两项教员所用时间均为额内劳务时间，由各教研室调整分配；第四，除上述办法外，各系、教研室、一年级研究生班仍应适当组织同学课外帮助留学生学习中文。

印尼留学生安满，1952年进入人民大学法律系本科学习，1956年转入马列主义基础研究班学习，1959年暑假毕业，同年11月回国。馆藏档案上对安满的评价是：学习上，他能按照学习计划完成学习任务；生活上，认真遵守学校各项制度；政治思想上，总体上是要求进步的。安满担任了印尼在华留学生会的副主席，经常组织印尼留学生讨论相关问题。他还积极参与世界青年联欢会活动，曾访问朝鲜。安满与印尼驻华大使馆关系密切，经常参加大使馆活动。1956年印尼总统苏加诺访华，安满在印尼大使馆看到了毛主席接见苏加诺的照片，便将照片用相框装裱，作为礼品赠与人民大学，在档案馆保存至今。这幅照片既体现了安满对母校的感情，也体现了中印两国人民的友谊。

培养留学生对于刚刚命名组建不久的人民大学来说是一项十分陌生的工作，学校也在不断摸索经验。学校对于首次开展留学生工作一年来的情况进行了分析，总结出几条经验，比如：在教学上，留学生入学开始就必须按学校制订的计划和制度进行，需免修的课程，应在学生入系或教研室后，由系主任或教研室主任组织进行考试。成绩合格者，报校长批准后，可以获得免修资格，一般不收插班生；留学生与本国学生不同，有些特殊事务需要有一个机构来办理。学校先将职责明确到各个单位，教学方面由教务部、研究生部分别负责本科生和研究生，生活方面统一由行政事务部负责。在这一基础上，学校成立留学生工作小组，负责留学生事务的联络管理。

在留学生管理制度问题上，学校一直建议高教部制定《留学生管理办法》，以便各单位可以遵循。1954年，高教部出台了《人民民主国家留学生管理办法》，对留学生的学习、生活等诸多方面都作了细致而具体的规定。学校立即将此管理办法转发到学校涉及留学生的各部门，要求遵照实行。

随着留学生交换工作的不断开展，人民大学接收的留学生不断增加。截至1954年8月31日，学校共接收来自人民民主国家的留学生42名，其中波兰4人、匈牙利2人、保加利亚2人、罗马尼亚1人、捷克斯洛伐克3人、越南30人。除上述来自社会主义阵营国家的留学生之外，学校还有印尼籍学生1人、美籍学生11人、英籍学生1人，在校外国留学生总数达到55人，这些留学生分布在外交、贸易、俄文、政治经济学、中国革命史、法律等专业。

（甄佳航）

英雄模范在人大

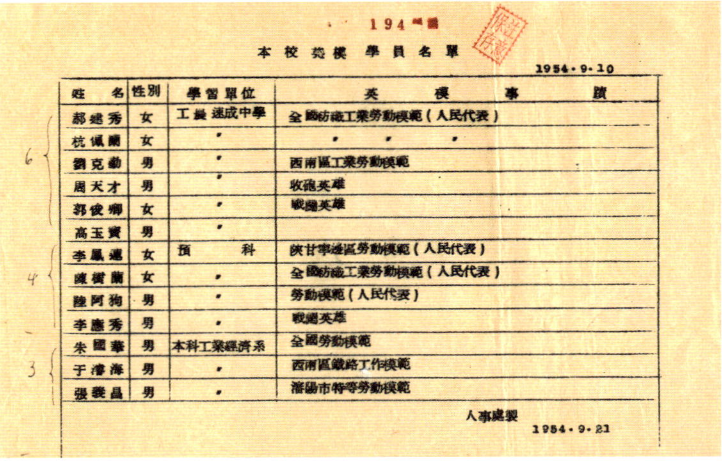

194

本校英模學員名單

1954·9·10

姓名	性别	學習單位	英模事蹟
郝建秀	女	工農速成中學	全國紡織工業勞動模範（人民代表）
杭佩蘭	女	〃	〃 〃 〃
劉克勳	男	〃	西南區工業勞動模範
周天才	男	〃	收砲英雄
郭俊卿	女	〃	戰鬪英雄
高玉寶	男	〃	
李鳳蓮	女	預科	陝甘寧邊區勞動模範（人民代表）
陳樹蘭	女	〃	全國紡織工業勞動模範（人民代表）
陸阿狗	男	〃	勞動模範（人民代表）
李應秀	男	〃	戰鬪英雄
朱國華	男	本科工業經濟系	全國勞動模範
于澤海	男	〃	西南區鐵路工作模範
張發昌	男	〃	瀋陽市特等勞動模範

人事處製

1954·9·21

1954年9月10日填报的中国人民大学英模学员名单

档号：1954-JX13.14-XSCA-6

为落实党“要在工农群众中培养知识分子”的要求，1950年1月3日，中央人民政府重工业部、燃料工业部、纺织工业部、轻工业部、铁道部、邮电部、交通部和中华全国总工会发出联合通知，分配各地区各产业职工进入中国人民大学学习的名额。通知特别强调：“各地要介绍劳动英雄、生产模范和生产中的积极分子、技术工人和熟练工人，以及有管理经验的职员入学。”这些经过组织调派的已经参加工作的学生就是“调干生”。他们既有工作经验，又有文化理论知识，经过一段时期的系统学习，成为了新中国社会主义建设的重要力量。特别引人关注的是通知专门强调要介绍“劳动英雄、生产模范”，因此人民大学吸收了一批“英雄模范”到校学习，其中有全国劳动模范李凤莲、杭佩兰、郝建秀等。当年到校学习的英雄模范根据其自身的文化程度与基础，分别被安排进入本科、预科、专修科以及中国人民大学工农速成中学学习。根据中国人民大学档案馆馆藏档案，1954年9月，共有英模学员13人在人民大学及工农速成中学学习，李凤莲、郝建秀、高玉宝是其中三个典型代表。

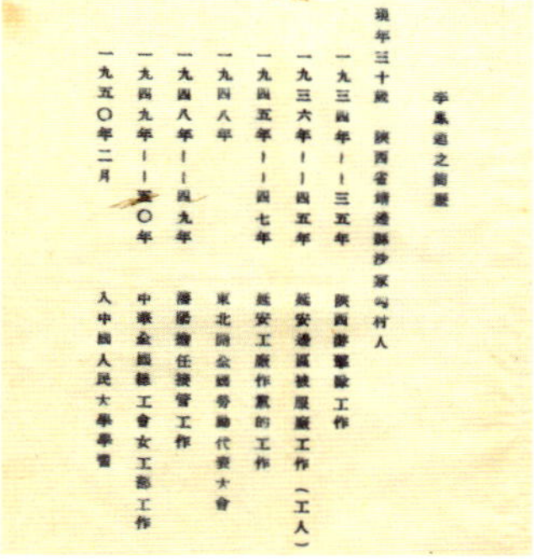

李鳳蓮之簡歷

現年三十歲 陝西省靖邊縣沙家崗村人

一九三四年——三五年 陝西游擊隊工作

一九三六年——四五年 延安邊區被服廠工作（工人）

一九四五年——四七年 延安工廠作累的工作

一九四八年 東北開全國勞動代表大會

一九四八年——四九年 瀋陽擔任接管工作

一九四九年——五〇年 中華全國總工會女工部工作

一九五〇年二月 入中國人民大學學習

李凤莲简历

档号：1952-XZ11-XB-19

李凤莲是当时著名的全国劳动模范，她1935年起先后在延安红军供给部被服厂、延安财政厅被服厂当工人，因工作出色，1942年获陕甘宁边区特等劳动英雄称号。1950年2月，李凤莲进入中国人民大学学习。1950年6月，她和其他几位劳动英雄模范受到毛主席接见。当年9月25日，她作为全国劳模出席全国工农兵劳动模范代表会议，毛主席为她亲笔签名留念。一时间，李凤莲在全国引起了广泛关注，但她在学校仍然刻苦学习，虚心向老师、同学请教。

在校期间，由于她的全国劳动模范身份，李凤莲参加了很多社会活动，包括接受苏联、捷克斯洛伐克、朝鲜等国记者的采访以及与世界民主青年代表团进行交流等外事活动。

郝建秀是以创造“郝建秀工作法”闻名全国的纺织女工，当时她年仅16岁。为提高文化水平，1953年9月，郝建秀来到中国人民大学工农速成中学学习。

吴玉章老校长对她非常关心、爱护，经常过问她的学习情况，帮助她解决学习、生活中的困难，鼓励她好好学习，注意身体，积极参加体育锻炼，“将来有了文化科学知识，又有了健康的身体，就能为国家建设做出更大的贡献”。

学校老师对郝建秀也非常关照，她参加会议和社会活动所耽误的功课，老师都会千方百计给她补上，有的老师甚至经常让她到家里去补课。所有这些都让郝建秀在五十多年后还念念不忘学校老师的培育之恩。

1958年，郝建秀从人大工农速中毕业后，考取了华东纺织工学院，后历任中央纺织工业部副部长、部长，中共中央书记处书记，国家计划委员会副主任，国家发展计划委员会副主任，第十届全国政协副主席。郝建秀曾多次表达过对人大工农速成中学学习生活的怀念，对母校充满了感激之情，也曾多次回到人民大学参加相关活动，给予学校肯定和支持。

著名的战士作家高玉宝与郝建秀一样，曾在中国人民

李凤莲在工经系学习时和师生们在一起

档号：1950-SX12.11-68

李凤莲（左五）与世界民主青年代表团合影

档号：1950-SX12.14-1

吴玉章与郝建秀（右一）合影

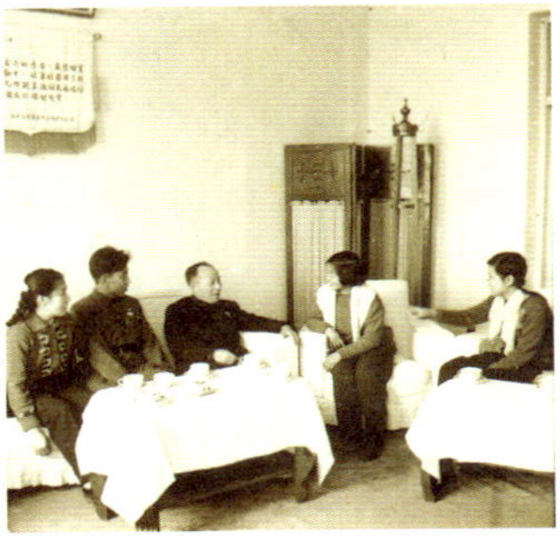

胡锡奎和高玉宝等英雄模范同学座谈

档号：1959–SX12.11–162

王方名在给高玉宝、陆阿狗、郭俊卿等上课

档号：1950–SX12.11–72

大学工农速成中学学习。他自幼家境贫寒，只读过一个多月的书，在地主家当过长工，也当过劳工，后参军。他在文化水平很低的情况下，克服种种困难，写成一部长篇自传体小说《高玉宝》，获得广泛好评。他的短篇小说《我要读书》和《半夜鸡叫》曾被选入小学语文课本。

学校高度重视对英雄模范的教学培养，曾委派哲学系教员王方名老师给高玉宝等授课，进行课下辅导。王方名老师当时在哲学界已小有名气，后来曾应毛主席之邀到中南海与毛主席和众多哲学大家讨论逻辑学问题。

从人大工农速成中学毕业后，高玉宝进入人民大学新闻系继续学习，1962年大学毕业后回部队工作。在人民大学的学习和生活给高玉宝留下了非常深刻的印象，他对母校也有着非常深厚的感情，每逢学校校庆等重大活动，他都积极参加。

随着高中应届毕业生逐渐成为人民大学招生录取的主体，劳动英雄、生产模范集中到人民大学学习的情况已经不会再现了，但这些英雄模范作为那个时代杰出青年的代表，到人民大学学习，是他们的光荣，也是学校的光荣。时至今日，我们依然为拥有这么多“英雄模范”校友感到荣耀！

（周昀）

第一次科学讨论会

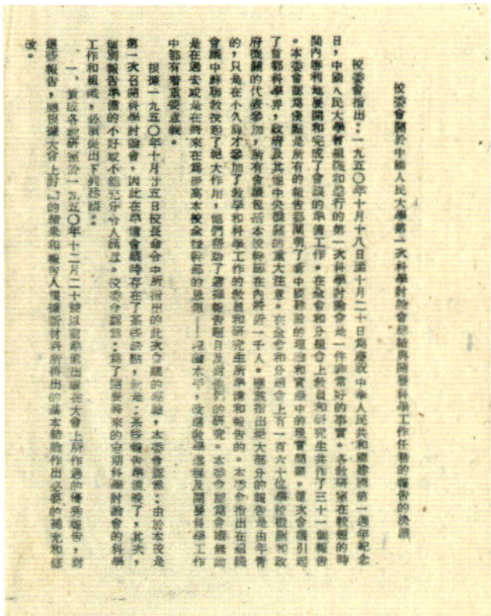

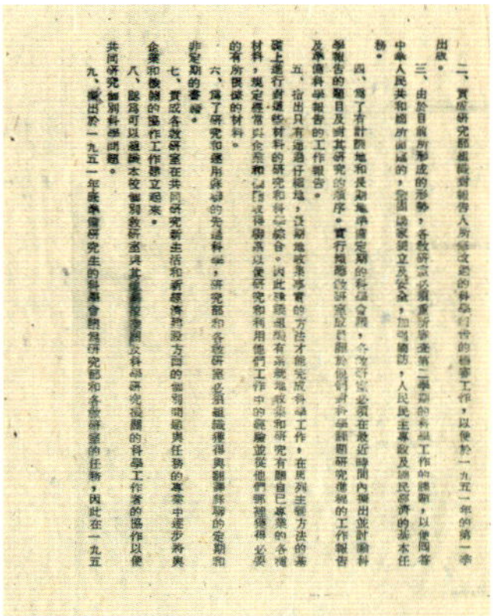

校委会关于中国人民大学第一次科学讨论会总结与开展科学工作任务的报告的决议
档号：1950-XZ11-XB-18

1950年10月18日，还是在铁狮子胡同1号院，距离刘少奇、朱德出席开学典礼仅仅半个月，中国人民大学再次成为首都科学界和政府各部委瞩目的焦点。这一天，“为庆祝中华人民共和国成立一周年中国人民大学科学会议”隆重举行，为期三天的会议，规模空前，到会总人数824人，出席会议的不仅有本校领导、各部负责人、各系和教研室教师、研究生，还有首都科学界代表，清华大学等兄弟高校教授，以及重工业部、燃料工业部、贸易部、纺织工业部、食品工业部、中央合作局、中央电影局、石油管理局、海关总署等政府各机关领导共计168人。

召开这次会议的中心目的，正如吴玉章校长在开幕词中所指出的：“在于反映并研究中华人民共和国成立一年来在各种建设方面的成就。”吴老还说：“我们希望能够推动今后我校科学研究工作的开展，提高我校教学工作者的思想理论水平，指示如何使理论、科学和实际进行有系统的联系。”除两次全体会议外，本次大会设立了7个分会场，分别是工业、财政、贸易合作、会计—统计、法律、外交、语言与教育，共进行了31场报告与讨论，涉及新中国建设的基本理论问题、政策问题、现实问题，包括斯大林与中国革命、毛泽东论中国经济发展的道路、中华人民共和国国营工业管理组织的基本原则与体系、争取和平与民主的人民中国外交政策、中华人民共和国新法治的建立与发展、中华人民共和国国家最高政权机关的组成、土地改革法在新中国建设中的作用、中华人民共和国为建立与巩固财政制度的斗争等等。六十多年过去了，一页页档案早已泛黄，字迹也已模糊，可是一连串报告人的名字，仍然足以还原当时群贤毕至的热烈场面，吴玉章、高尔尼洛夫、胡华、何思敬、何干之、宋涛、林景仁、崔希默……

召开科学会议（档案记载多称“科学讨论会”）的最初设想是在1950年8月24日吴玉章校长主持的第十八次校

行政会议上提出的，初衷是研究、总结教学工作，参会人员仅限于校务委员会成员。十天后召开的第十九次校行政会议，对科学讨论会的名称、时间、日程、规模做出了重大调整，随即开始的筹备工作由成仿吾副校长亲自负责。此后召开的第二十二次、第二十四次校行政会议都研究了科学讨论会问题，此间还召开了专门的论文审查会、筹备会。随着筹备工作的深入，会议的时间被数次推迟、规模显著扩大、议程逐渐丰富，其承载的意义也越发重大。

科学讨论会是我校科学研究工作的动员和发端。全校各系、各教研室踊跃参与，都推荐了优秀的研究论文，会上所作的31个报告都是经过何思敬、尹达、何干之审定，并经成仿吾副校长、吴玉章校长最后确定的，600多名师生参加了会议。此后，科学讨论会成为“经常的系统的群众性的科学研究工作”。1950—1962年，学校召开有档案记载的科学讨论会九次，学校设有总会，各系、教研室设有分学科的分会，一时间，教学与研究相互促进蔚然成风。

科学讨论会是我校教学与科研并重的办学思想的具体体现。科学讨论会召开之际，我校第一届本科生仅仅进行了一个学期的学习，第一届专修科学生刚刚入学，选择此时召开如此规模的科学讨论会，表明我校建校伊始就把科研工作置于与教学工作同等重要的地位，高度重视。1950年12月成文的《中国人民大学的简略介绍》，阐明我校对科学研究工作重要性的认识：“为了培养科学的教育干部和提高其科学水平，以及培养出具有现代科学水平的专家，因此，在大学内建设科学研究工作，就具有头等重要意义。我们一开始就注意这一工作。”学校设立和教务部并重的研究部，负责组织、领导全校的科学研究工作，在各系设立教学和科研一体的组织机构教研室，创办《教学与研究》《新闻与出版》《教师报》等刊物。吴玉章校长

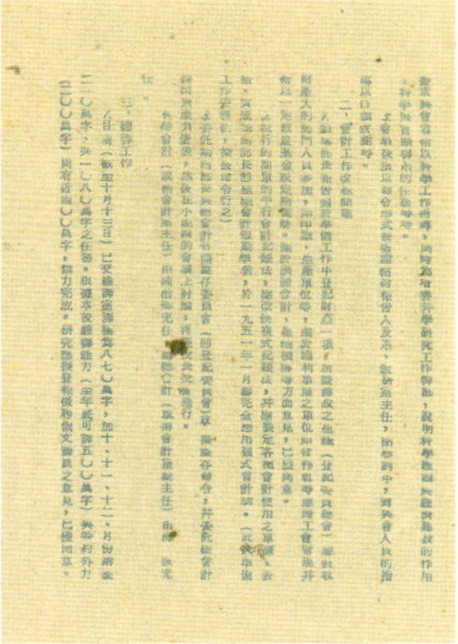

第二十四次校行政会议记录
档号：1950-XZ11-XB-15.0024

多次撰文强调科研工作，“学术上的自由批评与自由讨论的空气的形成，是我们的科学研究工作正常开展的标志”，“为了在学校培养出达到先进科学水平的专家，并不断提高教育干部的科学水平，我们必须进行科学研究工作”。

科学讨论会是我校“教学与实际联系”的教育方针的贯彻落实。高等教育部部长马叙伦高度评价了科学讨论会的现实意义，认为“会议讨论的问题都是中国革命的理论和现实迫切需要解决的问题，表现了中国人民大学自其前身华北大学就始终坚持的理论与实际一致的教育方法”。在10月20日总结大会上，吴玉章校长号召全校“必须加强与巩固理论和实际联系，加强与巩固科学工作者同各机关各企业工作的合作”。在会后的总结材料中，学校计划“在科学研究工作提高到将来一定水平的情况下，还可以接受政府有关部门的委托，进行专门业务的科学研究，直接帮助国家的建设工作”。回顾中国人民大学命名组建六十多年来的办学成就，关注社会现实、担当政府智库，立学为民，治学报国，始终奋进在时代前列，不难发现1950年10月18日第一次科学讨论会给予我们的宝贵遗赠。

（李惠）

《人民大学校刊》

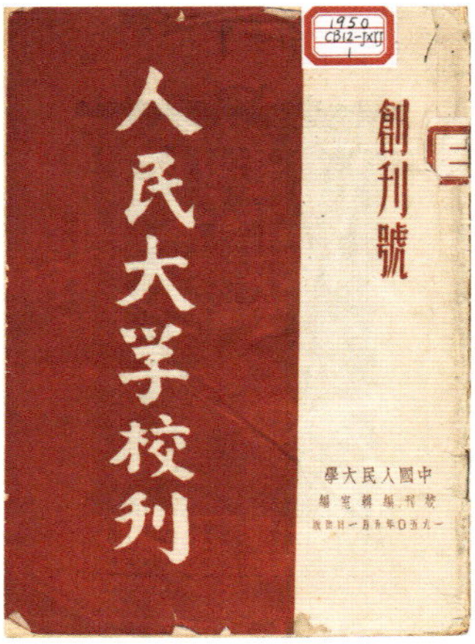

《人民大学校刊》创刊号封面
档号：1950–CB12–JXYJ–1

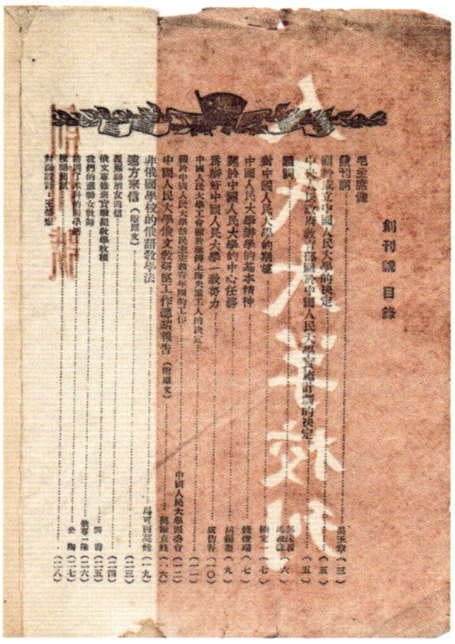

《人民大学校刊》创刊号目录
档号：1950–CB12–JXYJ–1

1950年5月1日，《人民大学校刊》正式创刊，校内发行。从时间来看，创刊号甚至早于开学典礼的时间。

创刊号16开本，共28页。内容包括吴玉章校长亲自撰写的发刊词、《关于成立中国人民大学的决定》、《中央人民政府教育部关于中国人民大学实施计划的决定》、郭沫若题词“提高工农干部的文化水平，打破劳心劳力的封建划分”、时任教育部部长马叙伦题词“新中国的建设工程需要我们有计划有步骤地培养各种建设干部”、时任中宣部部长陆定一撰文《对中国人民大学的期望》、时任教育部党组书记兼副部长钱俊瑞撰文《中国人民大学办学的基本精神》、学校副校长胡锡奎撰写的《关于中国人民大学的中心任务》、学校副校长成仿吾撰写的《为办好中国人民大学一致努力》，这些都充分表现了上级领导机关和领导同志对人民大学的高度重视和寄予的厚望。为适应当时俄文教育的需要，创刊号还刊登了俄文系苏联专家契维克娃的文章《中国人民大学俄文教研室工作总结报告》和马克西莫娃的文章《非俄国学校的俄语教学法》，以及苏联友人来信、给苏联友人的回信、俄文专修班撰写的《实验组教学收获》和《我们的苏联女教师》等文章。

吴玉章校长撰写的发刊词是创刊号中最重要的一篇文章，也是创刊号中最闪亮之处，此文还收录到《吴玉章文集》，可见其具有非常重要的意义。

“《人民大学校刊》的目的是帮助学校把工作做好”，这是吴玉章校长在发刊词中的开篇句，这不仅为校刊的创建和发展指明了方向，更是表达了吴老专注办学、不辱使命的决心。他首先明确提出“中国人民大学的任务是培养新中国的各种建设干部”，培养目标是“这些干部都要学会能够建立新的经济制度，能够管理新的国家”，阐明新中国成立伊始党中央和国家对人才类型需要的同时，也明确了人民大学建校伊始健全组织机构、制定教学计划、建立规章制度、组建教研室以及培养师资的指导方针。到1952年底，中国人民大学已经初具规模，设有9个系、38个教研室、1个编译室，此外还有专修科、预科、马列主义研究班、研究生班、马列主义夜大学和夜校、函授专修班及附设工农速成中学，办学层次丰富，三年内共为国家培养各类毕业生2 318人。

在发刊词中，吴玉章校长深入分析了中国在当时所面临的形势，政治上中国已经不是半殖民地半封建国家，也不是向资本主义前进发展的国家，而是新民主主义并向社会主义前途发展的国家，要巩固革命胜利的成果，需要共产党员、劳动群众以及一切有觉悟的人民共同努力，把中国从农业国变为工业国，从落后的国家变为先进的国家。人民民主专政的国家组织形式为经济建设打下了良好的基础，但这只解决了当时中国所面临困难的一小部分，而主要困难是如何发展落后的经济，提高劳动生产率。

为了完成这项艰巨的任务，吴玉章校长对人民大学培养的干部应该具备的品质和才干提出了具体的要求：要求干部思想不能落后，要认清新民主主义革命的新任务；既要精通科学，也要精通业务，使自己成为工作的内行；要具有领导建设的志愿和意志，用新的工作方法把各项工作开展起来；要理论结合实际，强调学校各系与政府和社会保持紧密联系；要具备高尚的品质，忠诚于党和人民，爱国敬业，有生气勃勃、欣欣向荣的新作风、新气象；党员和非党员之间要相互信任，精诚团结，使每个人都锻炼成创造新社会的人才。

在发刊词的最后，吴玉章校长再次强调了《人民大学校刊》的创刊目的和办刊宗旨，“这个刊物能够忠实地报道教学情况，提出改进建议，使之成为教学上思想指导的武器，成为帮助我们完成任务的有力工具”。

《人民大学校刊》贯彻“大家办”原则，以“帮助学

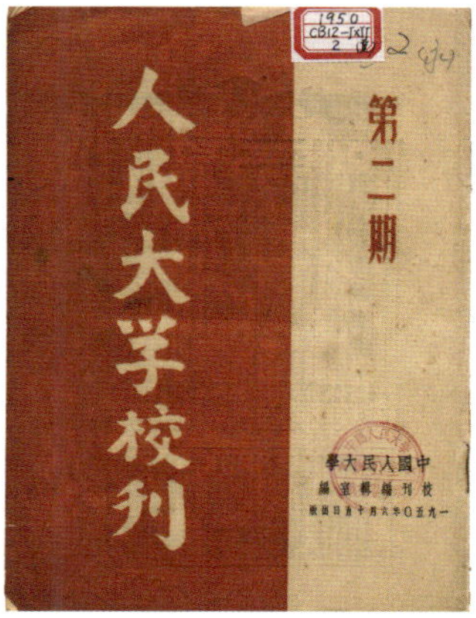

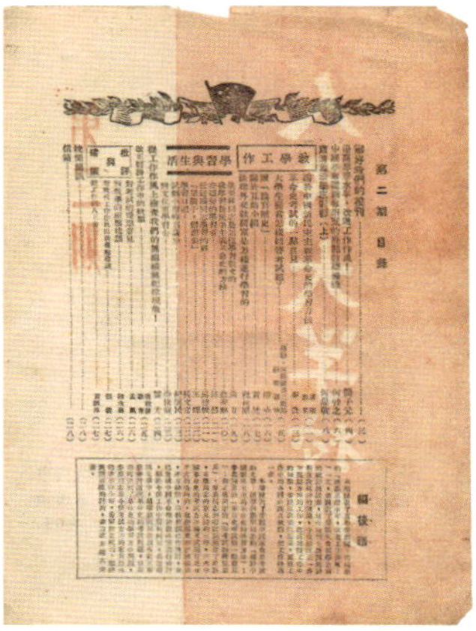

《人民大学校刊》第二期封面、目录

档号：1950–CB12–JXYJ–2

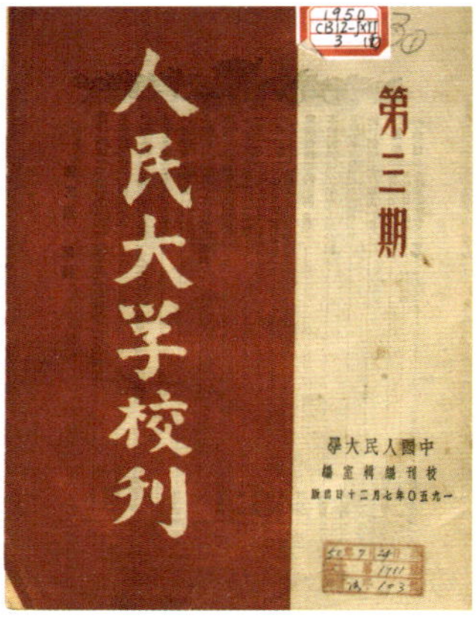
人民大学校刊

第三期

中國人民大學
校刊編輯室編
一九五〇年七月二十日出版

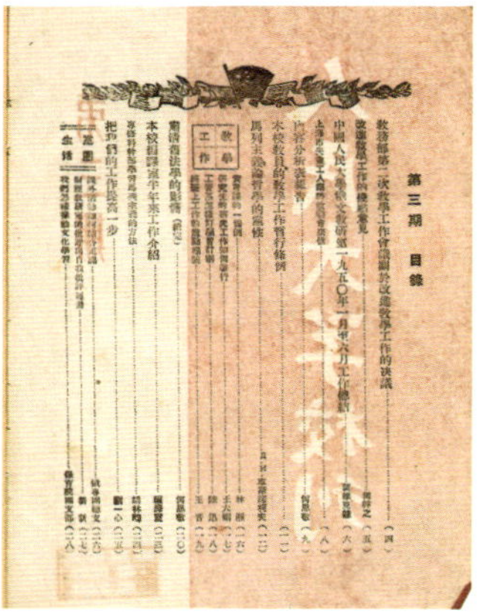
第三期 目錄

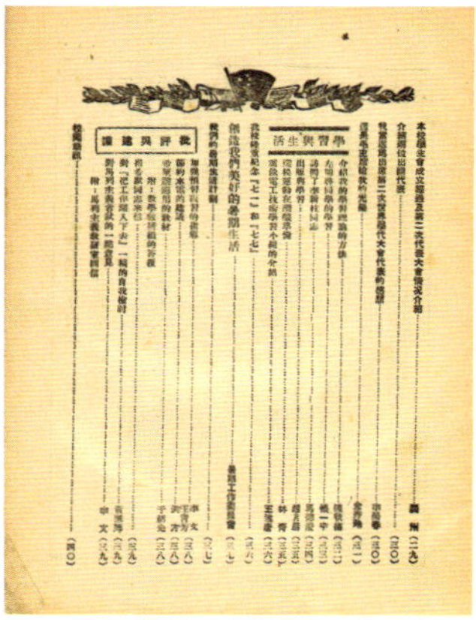

《人民大学校刊》第三期
封面、目录
档号：1950-CB12-JXYJ-3

校把工作做好”为办刊目标，以实际需要为依据不断丰富内容、优化版面，于1950年5—7月连续发刊三期，通过发布学校有关文件及时传达重要信息、反映学校动态，通过设置“教学工作”专栏展现学校的教育情况和研究成果，通过“党群工作”“批评与建议”等版块大力开展宣传教育工作、统一思想、强化意识，可以说兼具政策性、理论性、学术性和新闻性的多重功能和角色。

（刘甜甜）

《人民大学周报》创刊

人民大學周報

抗美援朝！保家衛國！

加強中蘇友好！保衛世界和平！

第一期

一九五〇年十一月七日出版

中國人民大學命令

紀念十月革命三十三週年

——在本校紀念大會上的報告提綱——

吳玉章

人民大學周報

抗美援朝！保家衛國！

加强中蘇友好！保衛世界和平！

第一期

中國人民大學命令

紀念十月革命三十三週年

吳玉章

《人民大学周报》第一期第一版

档号：2007-SX19.19-1

为了满足宣传工作的需要，《人民大学周报》（以下简称《周报》）于1950年11月7日正式创刊。第一期《周报》共四版，从内容上看紧密结合时局，以纪念十月革命三十三周年为主题，对当时的国际、国内局势进行了深度解读。

《周报》头版刊登了以吴玉章校长名义发布的《中国人民大学命令》（以下简称《命令》）和吴老在中国人民大学纪念十月革命三十三周年大会上的报告提纲。《命令》高度评价了十月革命的胜利，并总结了中国人民大学为纪念这一伟大胜利开展的各项工作。吴老在《命令》中还号召全体师生要“更加努力研究马列主义理论”，“要胜利的完成为建设国防与国民经济培养专家和科学工作者——新中国的建设者——的任务”。这一号召是吴老将《人民大学校刊》发刊词中提出的“中国人民大学的任务是培养新中国的各种建设干部”的办学目标与时政紧密结合后的升华。

吴老在纪念大会报告中首先对十月革命的伟大意义给予了高度肯定，指出十月革命“是世界人类史中由资本主义旧世界进到社会主义新世界的根本转变，是世界无产阶级解放运动中根本转变”；十月革命“冲破了世界帝国主义战线，使社会主义无产阶级获得了政权”；十月革命“受到了世界被压迫阶级和被压迫民族的热忱欢迎”，“它的胜利证明新兴的合乎正义的力量一定能战胜腐朽反动力量”。他强调指出，“马列主义理论是十月革命取得胜利的关键武器，是人类向前发展的指南针、指明前途的灯塔”，中国共产党“正是因为掌握这一有力武器，才得以将中华民族从半殖民地半封建制度中解放出来，成立了统一的、全中国人民的中华人民共和国，中国人民成了自己国家的主人”。在对胜利局势表示欣喜的同时，吴老还提醒大家要警惕“帝国主义特别是美帝国主义不甘心失败”，通过种种手段阻碍新中国的发展，全国人民必须和美帝国主义坚决斗争，以确保我国的安全和生存。

《周报》第二版除报道中国人民大学举行“庆祝十月革命三十三周年”的隆重纪念活动外，还专门刊登了“致斯大林电”和“致毛主席电”，表明了中国人民大学坚定的政治立场和为彻底打败帝国主义侵略、保卫祖国安全、保卫世界和平而奋斗的决心。《周报》还报道了三个重要活动，包括中苏友协人民大学支会举行第二次代表大会，推选胡锡奎为支会会长；各系各教研室热烈开展劳动竞赛，工管系创造了具体办法；学校印染厂展开了生产竞赛，提高质量降低成本。

第二版更重要的是有一段“编者的话”，对《周报》的出版目的、特色和编辑方式进行了说明。《周报》定位于新的校内刊物，是“由于广大同学和工作人员的要求”出版的，“在我们学校生活中是一件很有意义的事”。《周报》与《人民大学校刊》的不同在于它“及时地报道我校的教学情况和生活动态，并给以适当的指导”。当时学校自正式开课以来，面貌全新，发展迅速，“无论属于教学工作或其他方面，都要求我们能够随时了解它们，把握它们，以便随时推动它们更加前进”，《周报》是实现这个任务的一种形式。《周报》还有特别的工作方法，那就是“把编辑工作直接和各工作部门结合在一起”，在校党委直接指导下由“青年团、工会、学生会来共同主办”，这样就“使它容易同群众密切联系，保证了它的全面性和群众性”。

《周报》第三版和第四版继续围绕本期主题，分别刊登了中国人民大学苏联总顾问菲力波夫《纪念伟大的十月社会主义革命三十三周年》的讲话，以及署名李春荣的文章《全世界民主青年都团结在苏联周围为民主和平而斗争》，并将《斯大林之歌》的曲谱和歌词在本期周报的最后部分展示。

《人民大学周报》创刊后，到1953年4月5日出版了70期。1955年9月10日，《人民大学周报》复刊，出版了第71期，并一直作为学校工作的主要宣传工具，直到学校“文革”期间停办。

（刘甜甜）

《教学与研究》的创办

《教学与研究》1953年合订本封面
档号：1953-CB12-JXYJ-1

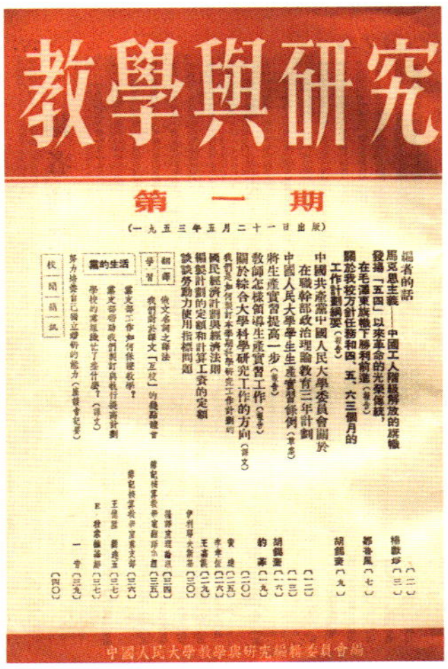

《教学与研究》1953年第一期封面
档号：1953-CB12-JXYJ-1

《教学与研究》是教育部委托中国人民大学主办的一份理论刊物，也是新中国成立后专门为高校马克思主义理论教学与研究服务的综合性学术理论刊物，是全国中文核心期刊及中国人文社会科学核心期刊。这份刊物创刊于1953年5月21日，人民大学档案馆保存有《教学与研究》1953年合订本等有关档案材料。

《教学与研究》第一期，16开本，共40页，竖体印刷。杂志将目录直接放在封面，一方面节约了纸张，另一方面也让内容一目了然。第一期的内容除了“编者的话”，主要分为六个部分：

一是重要报告，包括著名哲学家、时任中共中央马列学院副院长杨献珍的报告《马克思主义——中国工人阶级解放的旗帜》，人民大学副校长邹鲁风在学校“五四”青年节纪念会上的讲话《发扬“五四”以来革命的光荣传统，在毛泽东旗帜下胜利前进》，人民大学副校长胡锡奎4月11日在学校全体干部大会上的报告《关于我校方针任务和四、五、六三个月的工作计划纲要》和《中国共产党中国人民大学委员会关于在职干部政治理论教育三年计划》。

二是关于生产实习的文件、报告，包括《中国人民大学学生生产实习条例（草案）》、胡锡奎副校长4月19日在学校生产实习动员大会上的讲话《将生产实习提高一步》、苏联专家约菲在学校生产实习领导教员会议上的报告记录摘要《教师怎样领导生产实习工作》。

三是关于科学研究以及具体专业问题的文章，包括1952年苏联大学校长会议摘要《关于综合大学科学研究工作的方向》、货币流通与信用教研室教员黄达撰写的《我们是如何制订本学期科学研究工作计划的》、国民经济计划教研室教员李聿恒撰写的《国民经济计划与经济法则》、工业企业组织与计划教研室教员王嘉谟撰写的《编制计划的定额和计算工资的定额》、苏联专家伊利耶夫斯基撰写的《谈谈劳动力使用指标问题》。

四是“翻译学习”版块，包括编译室理论组撰写的《俄文名词之译法》、簿记核算教研室翻译小组撰写的《我们对于译文“互校”的几点体会》两篇文章。

五是“党的生活”版块，包括簿记核算教研室党支部撰写的《党支部工作如何保证教学？》，王德升、阎达五撰写的《党支部帮助我们制订与执行提高计划》等文章。

六是“学习生活”版块，有一篇文章《努力培养自己独立钻研的能力》，最后封底是“校园简讯”。

从以上可以看出，《教学与研究》内容丰富，覆盖面广，满足了师生政治学习、业务学习等多方面需求，而且很鲜明地体现出当时学习苏联经验的特点。封二的“编者的话”更是就创办这份刊物的缘由、刊物的定位、各部分内容的负责部门等进行了详细说明。

在创刊缘由方面，《人民大学周报》自1950年11月7日创刊，到1953年5月已出版70期，发挥了一定作用，但随着客观形势的发展，需要刊物“以提高教学与开展科学研究工作为中心，有计划地系统地介绍苏联先进经验，结合中国实际情况，组织有关理论的业务的以及文化方面的学习与科学研究工作的指导，加强党的思想政治领导”，依照《人民大学周报》的体量和框架，完成这一新任务有很大困难，为此，学校党组和党委决定，“把《人民大学周报》改为《教学与研究》，作为指导与推动教学和科学研究工作的理论上、思想上的武器”。

在刊物的发展方向方面，“在初期拟以一定的篇幅，通过总结和报道典型等方式，介绍教学和科学研究工作等经验来推动工作，以后逐渐过渡到以全力适应广大师生和干部的需要，着重介绍政治理论和专业科学以及文化方面的知识，从而提高教学质量和有效地开展科学研究工作”。

其中还专门提到，“为了加强本刊的领导，校部党政领导方面已组成专门的编辑委员会，进行方针与原则的领导以及重要稿件的审阅等工作”。

在刊物的内容管理方面，党委、教务部、研究部、编译室、刊物编辑部以及有关教研室都承担了相应的工作任务，可以说，确实是举全校之力，发挥刊物应有作用——“帮助学校把工作做好”。

学校高度重视《教学与研究》，从学校各系抽调了具有相当政治理论素养和教学经验或编辑工作经验的同志到《教学与研究》工作。编辑部下设五个编辑组，即哲学组、党史组、马列主义基础理论与法律组、文史组、经济组。首任总编辑为王南。同时还成立了以校领导和各学科专家、教授为主的编委会，讨论决定杂志的重要事宜。

时至今日，《教学与研究》依然传承着创刊时的优良传统，作为全国中文核心期刊及中国人文社会科学核心期刊，在全国范围保持了深远的影响力，继续发挥着它重要的作用。

（蒋利华）

第一次学生代表大会的召开

中国人民大学第一届学生代表大会会场
档号：1950-SX12.11-99

中国人民大学第一届学生会主席李荣春在第一次学代会会场汇报工作
档号：1950-SX12.11-2

学生代表大会（以下简称“学代会”），是高校开展民主管理、民主监督的基本制度形式之一。追溯学代会的历史，1919年6月16日，第一次全国学生代表大会在上海召开，成立中华全国学生联合会，此举开创了我国高校学代会召开、学生会成立的先河。

早在中国人民大学的前身华北联合大学时期，就设有全校性的学生会，据成仿吾老校长回忆，“在张家口，我们学校每当学生会的选举，都形成一次民主生活会的高潮”[①]。

中国人民大学作为新中国第一所新型正规大学，为保障学生履行民主参政的权利，于1950年6月10日至11日召开了第一次学生代表大会，成立了中国人民大学学生会。大会出席代表共63人，成仿吾副校长、全国学联秘书长柯在铄、北京市学联副主席单若出席大会。成仿吾副校长在大会上提出四点要求勉励同学：一是要有高度的政治觉悟，二是要掌握先进的科学知识与技术，三是要有高度的

① 成仿吾．战火中的大学．人民出版社，2014（1）：206.

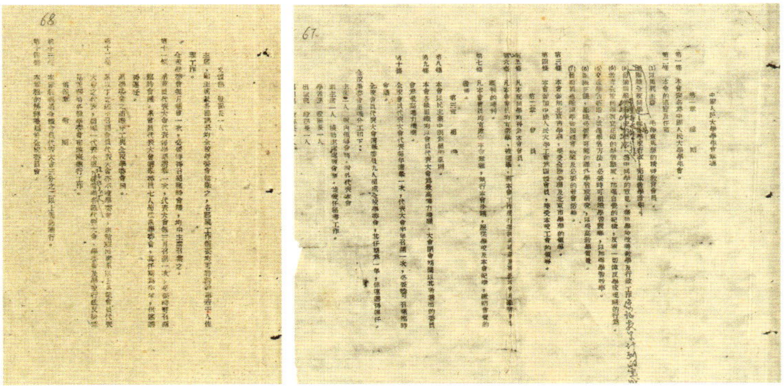

《中国人民大学学生会章程（草案）》
档号：1950–XZ11–XB–22.0025

文化修养，四是要有健康的身体。

据校党委1950年6月13日会议记录（档号：1950–DQ11–DB–3.0002）记载，校学生会建立党组，外交系学生李荣春任党组书记。此次大会讨论了主席团的选举，李荣春当选为中国人民大学第一任学生会主席。

此次大会还制定了《中国人民大学学生会章程（草案）》（以下简称《章程》）（档号：1950–XZ11–XB–22.0025），分为总则、会员、组织、附则四部分。

首先，《章程》确定名称为“中国人民大学学生会”，其宗旨为“以马列主义—毛泽东思想的精神教育会员”。其任务为：“发动同学的积极性及爱护学校的热忱，帮助学校改进教学及行政工作，保证教学计划之完成；教育全校同学树立正确的学习态度，加强自觉的纪律，反对一切违反学校规则的行为；交流学习经验，改进学习方法，必要时可组织学习竞赛，以加强学习效率；围绕正课，组织必要与可能的课外学习或研究，以提高教学质量；发动与组织同学参加体育娱乐及必要的社会活动。”《章程》规定：“中国人民大学学生会参加北京市学联，接受全国学联及北京市学联的领导；参加中国人民大学工会为团体会员并接受其领导。”

《章程》规定凡本校同学均得为本会会员，明确了会员的基本权利和基本义务。规定“学生代表大会以民主集中制为组织原则，以会员代表大会制度为组织形式，以全校代表大会为最高权力机构”。规定代表每年选举一次，全校代表大会正式代表19人，候补代表2人，组成校学生会委员会，并由委员会推举主席、副主席。校学生会委员会设主席1人，副主席2人，由秘书处、学习宣传部、文体部和福利部构成，学生会各方面工作围绕这几个部门开展。

《章程》还规定了有关专修科会员代表大会的选举制度、组织形式；本科各系及俄文专修班会员代表大会的召开事宜及选举制度。

根据《中国人民大学纪事》等有关资料记载，“文革”人民大学被迫停办前，学校共召开了十一次学生代表大会。

“文革”前历届学生代表大会召开情况一览表

届次	时间	校会主席
一	1950年6月10日至11日	李荣春
二	1951年11月11日	俞圣祺
三	1952年11月16日	突克
四	1953年11月1日	季芸
五	1954年10月17日	聂维庆
六	1956年10月14日	张素民、陈北航
七	1958年10月5日	张克
八	1960年3月19日、22日	栾佩珍
九	1962年6月9日	陈开臻
十	1963年10月12日、13日	陈开臻
十一	1965年8月3日	胡厚钧

根据档案馆馆藏《对学生会组织机构调整的意见》（档号：1962-DQ17-XT-1.0013）记载，1962年，第九次学生代表大会产生的第九届学生会，在机构设置上略有调

整，设立秘书处、学习宣传部、文体部、劳动福利部和军体部五个部门。1963年10月召开的第十次学生代表大会增设了广播站和城内工作部。

1973年10月10日，中国人民大学正式宣告停办，学生会所有活动也被迫停止。1978年复校后，学校于1979年6月12日至15日召开了第十二次学生代表大会，会议产生的第十二届学生会，在百废待兴中迅速有效地展开了新工作。最近一次学代会是2016年4月召开的第三十二次学生代表大会，该代表大会为维护学生的合法权益和民主权利，动员和组织学生积极参加学校的改革、发展，代表和组织学生参与学校的民主管理，继续发挥应有的作用。

（徐青）

向西，京颐公路以西

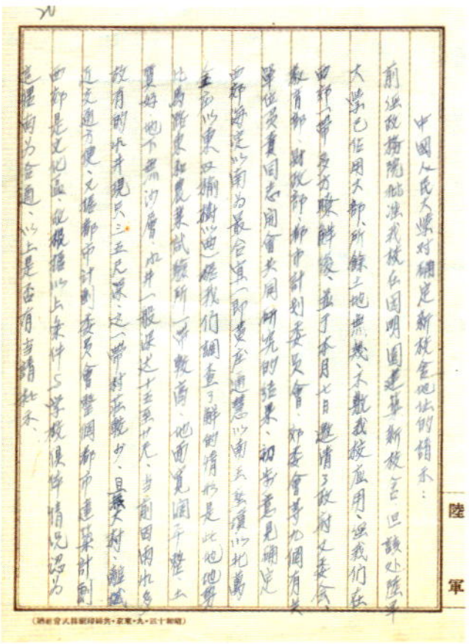

中国人民大学对确定新校舍地址的请示抄录件

档号：1950–XZ14–5.0004

建国初期的京颐公路，也就是曾经的海淀路，如今的中关村大街。

1950—1952年间有关校行政会议的档案显示，校址问题一直是学校领导班子着力解决的主要问题之一。回想那段历史，今天的人们总是情不自禁地以铁狮子胡同1号院（清海军部旧址）为背景，其实，那座从王府到官府继而到学府的院落只是当时人民大学众多校舍中比较重要的一个。当年学校在北京市登记注册的地址是东四六条38号，也就是吴玉章老校长的办公地，学校教学、管理、生产、生活零星分散在北京城区45处地方（一说为37处），“大部分系租用的民房，且多不坚固，人力物力均极浪费，教学上尤感困难”，显然不能适应创办社会主义新型正规大学的需要。适逢北京市在整个都市建筑规划中将西郊辟为文化区，学校迁址西郊成为自然之选。

西迁的最初设想是在圆明园建筑新校舍，但是由于陆军大学先于我校获准占用该处大部，所余面积不敷建校使用，学校迅速调整了西迁方案，经多方勘察研究后，将新校址锁定在海淀镇以南地区。1950年9月7日，我校与北京市都市建设计划委员会、政务院房产管理委员会、财政部、教育部、郊区工作委员会等九家单位座谈，初步研究校舍地址具体在黄庄通慧以南，五座坟以北，万全（泉）庄以东，双榆树以西。有关各方认为，这一带都是农田，没有大的村庄，没有大树，更没有建筑物，交通方便，便于规划，建设成本低。此地地势比东邻较高，地面宽阔平整，土质好，地下无沙层，水井深。9月8日，吴玉章校长向周恩来、刘少奇递交了《中国人民大学对确定新校舍地址的请示》，汇报了九家单位论证的根据和结果，正式提出在西郊建设新校舍。

政务院批准了该申请，并把新校舍所在地进一步划定为海淀以南、京颐公路以西、魏公村以北、长春桥以东。

这是一项彰显着新中国建设激情与梦想的规划，建设面积共需土地5 000亩，按招生计划分为四年完成。学校就此与都市建设计划委员会洽商落实，得到同意后，随即成立了以胡锡奎副校长为主任的校舍修建委员会，决定分组进行房屋设计、征购土地、经费预算、修建管理等项工作。吴玉章校长亲自主持召开了新建校舍设计问题座谈会，会上聘请与会的市建设局、市都市建设计划委员会、中直修建处、永茂公司等管理机构负责人和建设单位专家以及我校工程师白今吾组成中国人民大学新建校舍顾问团。9月28日，吴玉章校长签发了给彭真和北京市领导的函件，为使农民能够在未建设土地上继续耕种，拟按每年所需土地数目分期收购，请求市政府协调地政局、郊区工作委员会及其他有关部门，共同开始土地征购等事宜，以便早日进行测量设计及施工。新校址的勘察、调研、论证、拟定、申报、获批一系列重大过程，基本是在9月份完成的，充分体现了学校建设新校址的紧迫性和政府有关部门工作的高效性。

征购土地工作涉及学校招生规模、规划建设进度、政府资金拨付等一系列问题，也涉及最大限度保证被占用土地上农民的经济利益和安置问题，不可能一步到位，只能边规划、边征购、边建设，逐年推进。1951年初，我校通过教育部向北京市政府提出暂购土地300亩，同时，吴玉章、胡锡奎、成仿吾三位校领导共同署名，致函彭真，提出了相同的购地要求。

2月13日，市政府函复教育部并抄送我校，同意先拨地300亩，作为我校第一期建设之用，并指示人民大学在西郊建筑校舍，所请征购的5 000亩土地，应视为最大“暂时保留范围”，将来按照分期建设计划，逐渐收购，其全部建设完成后所余土地，由市政府处理。

1951年，我校在西郊双榆树村的建设工程包括三层

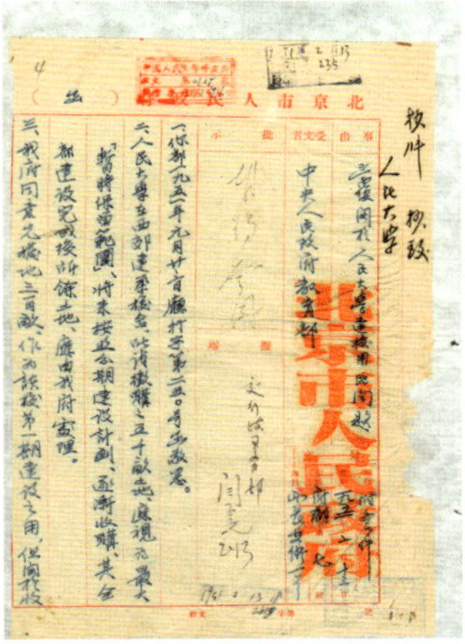

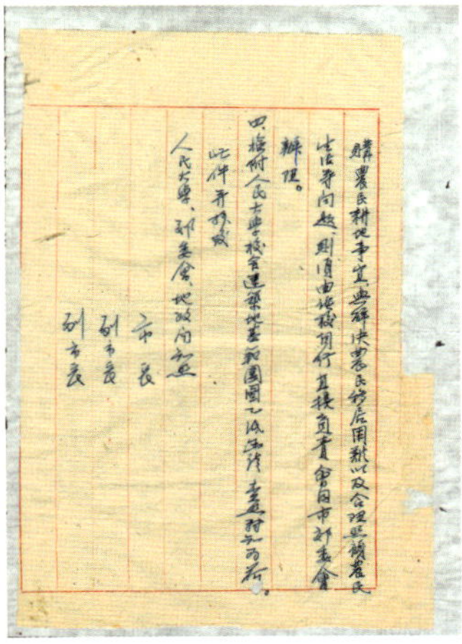

北京市人民政府复函
档号：1951–XZ14–3.0002

楼房宿舍三栋（即红一、二、三楼）、三层教室一栋（即求是楼）、饭厅一座、大教室一座，当年完成建筑面积19 154平方米，全部工程费总计197亿元（旧币），扣除剩余材料折价后，最终结算实用工程费共计166亿元（旧币）。这些工程全部当年竣工，1951年招收的专修科学生成为在西郊学习、生活的第一批学生。

1951年的建设正在以社会主义建设新高潮的速度火热进行，学校已经开始了第二年的建设步伐。1951年9月24日，我校致函教育部并请转市政府，申请购地1 206亩，建设项目包括容纳3 000人的宿舍平房14栋，二层楼房5栋，教室4栋，饭厅2栋，图书馆1座，建筑面积26 995平方米。这个计划的审批并不顺利，教育部批复我校商购土地应控制在800~1 000亩，而市政府则只同意我校购地300亩。这个数目显然不能满足学校的需要，10月26日，吴、胡、成三位校领导再次致函彭真，结合办学规模力陈购地1 206亩的必要性，此函转至都市计划委员会再议。

11月22日，市政府同意我校续行购地400亩。事实上，截至1952年6月，我校在西郊数次收购的建筑用地共计1 162亩，满足了学校早期的办学规模和发展需要，也是在那个时候，就已经确定了今天西郊校园的范围。

随着教学、生活、文体娱乐条件逐步完善，学校在50年代中期陆续完成主体西迁，京颐公路以西的双榆树校区成为主校区。墨香缭绕了稻香，书声交织着蛙声，60年过去了，一代又一代人在这里求知成才，安家立业，白日青春身影笑语晏晏，夜晚伏案研习灯光辉映，只有几纸旧档案和仅存的老地名，记载着曾经的斜阳墟落稻花丰年。

（李惠）

西直门外第一楼

1950年冬，西郊教室大楼建筑工地

档号：1950–SX12.11–64、1950–SX12.11–71

走进中国人民大学的东校门，绕过“实事求是”校训石，穿过有着郁郁葱葱小树林和优美喷泉的求是广场，迎面是一栋灰色四层大楼，那便是中国人民大学西郊校园最具历史感的建筑——求是楼。连接着东校门景观和中心区大草坪的求是楼，无论是在整个校园布局的位置，还是学校发展的历史当中都具有重要的意义。

人民大学命名组建于1950年，而求是楼的建设亦开工于1950年，建成于1951年，曾先后被称为教室大楼、灰楼，2004年10月更名为求是楼。自建成后，它就始终陪伴着学校寒来暑往、栉风沐雨，见证着学校的勤耕不辍、薪火相传。

求是楼（当时称教室大楼）是学校迁址西郊后兴建的第一批建筑之一，根据学校修建处撰写的《中国人民大学一九五一年新建校舍工作总结报告》，当年完成建筑面积19 154平方米，教室大楼位列其中，建筑面积5 538平方米。

上世纪50年代正值苏联援建时期，当时全国各地兴建的建筑在造型上都具有非常明显的苏联风格，求是楼也不

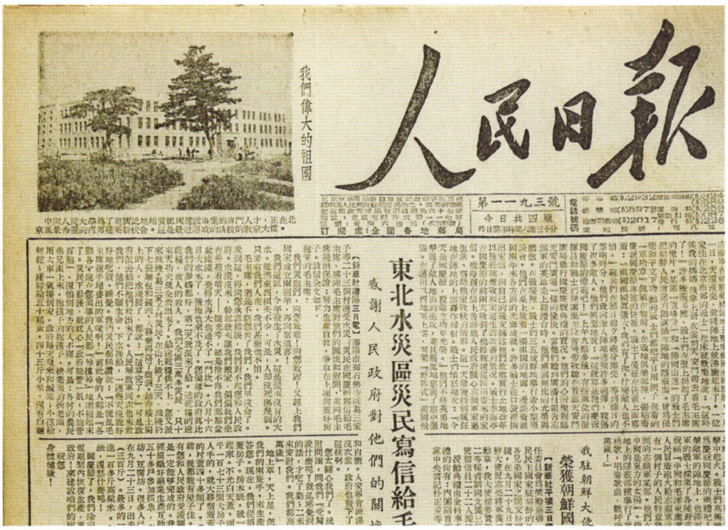
人民日報

我們偉大的祖國

第一一九三號

今日共四版

東北水災區災民寫信給毛

感謝人民政府對他們的關

1951年10月4日《人民日报》第1版，图片下方文字说明为：“中国人民大学为了更广泛地培养祖国建设事业的专门人才，正在北京风景秀丽的西郊建筑新校舍。这是最近落成的该校的教室大楼。”

例外。从馆藏1950年修建处工作记录的相关档案中，可以看到新校舍的建设讨论有苏联顾问的参与。求是楼用料实惠，宽大沉稳，墙体坚厚，整体呈“周边式”布局，中轴对称，平面呈“U”字形，没有过多的精雕细琢，简洁大方，是典型的仿苏式建筑。

当时的求是楼尽管只有三层，但在50年代初期的北京郊区，这样的建筑尚属罕见，因此被称为“西郊大厦”。楼前两棵松树苍劲素朴，枝繁叶茂，成为西郊校园的标志性景观。有老同志回忆说，当时从西直门到颐和园的大路两侧，除了农科院有一座黄砖旧楼，唯有中国人民大学的灰楼是新建的高大建筑，故有“西直门外第一楼”之称。1951年10月4日，求是楼的照片在《人民日报》报头位置刊出，获得了无上的殊荣。想象当年在求是楼内办公和学习的师生们，应该也有一种满满的自豪感。

求是楼原为三层板楼，后来经历了一系列的改扩建工程。根据有关档案记载，1964年在中间的天井部分新建了八百人大教室，1985年在主体建筑上加建一层形成四层结

西郊教室大楼外景

档号：1951-SX12.16-31

构，1989年12月在原楼西侧扩建语音教室，新增建筑面积3 478平方米，使该楼总建筑面积达到8 796平方米，整体建筑平面成为“回”形。中间天井部分增建的八百人大教室，不仅其名称一直沿用至今，而且其所承载的校园生活的风采，承载的激情与梦想也一直是无数校友心中珍藏的记忆。

求是楼见证了中国人民大学命名组建以来的整个校史。自1950年正式命名组建以来，学校迅速成为培养新中国各行各业人才的大本营，从求是楼里走出了一批又一批共和国的杰出建设者。1966年，随着“文化大革命”的爆发，学校已完全无法维持正常的教学秩序，直到1973年，学校被宣布停办，教师成建制分散到其他高校和机构，求是楼人去楼空；在此前后，求是楼旁一棵老松病死，不久另一棵也随之而去；许多老校友回来，总要寻访两棵老松，为之不胜唏嘘。1978年学校获得重生，并随着国家

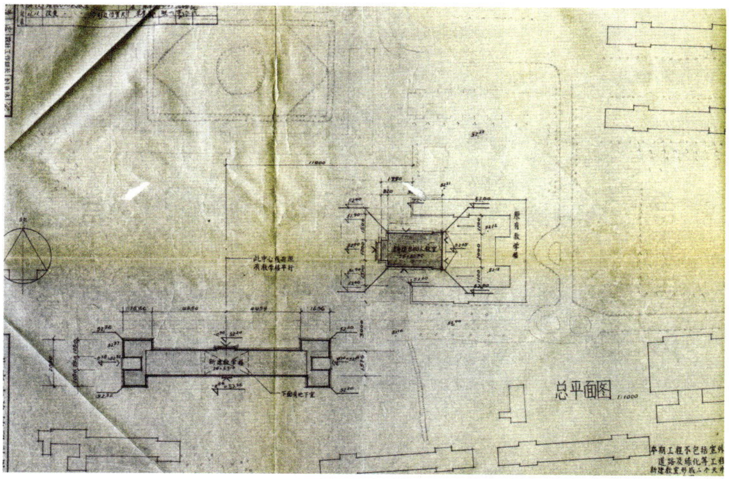

新增八百人大教室总平面图
档号：1964-JJ12-3.0002

改革开放的步伐迈进了建设现代一流大学的快车道，求是楼再次迎来了春天，再次承担起作为教学办公综合楼的功能，门前新植两棵松树，再现当年盛景。

进入21世纪，中国人民大学的校园建设经历了空前发展，整体格局也发生了巨大的变化，求是楼在岁月的洗礼下仍然作为主要的教学楼发挥着重要作用。现在的求是楼是劳动人事学院、公共管理学院的办公所在地，成为公共管理、人力资源、社会保障等领域高层次人才的重要培养基地。求是楼与东门内的实事求是校训石，共同记录着人民大学求真务实的优良传统，共同见证了人民大学立学为民、治学报国的时代精神。

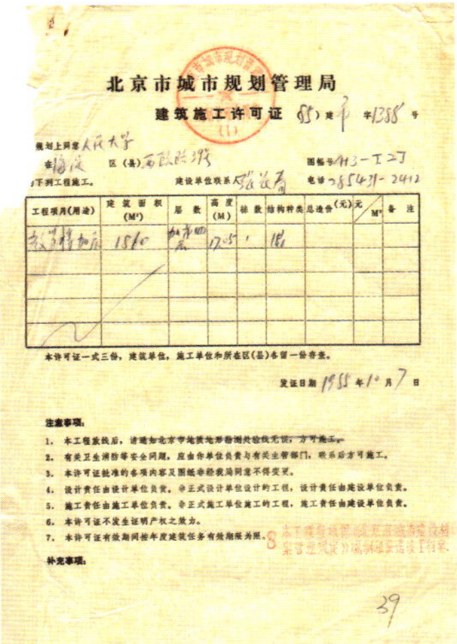

北京市城市规划管理局

建筑施工许可证 （85）建市字1388号

规划上同意人民大学

在海淀 区（县）西郊路39号 图幅号413-Ⅰ-27

的下列工程施工。 建设单位联系人张长寿 电话285431-2412

工程项目（用途）	建筑面积（M²）	层数	高度（M）	栋数	结构种类	总造价（元）	元/M²	备注
教学楼加层	1810	[illegible]	17.05	1	混			

本许可证一式三份，建筑单位，施工单位和所在区（县）各留一份存查。

发证日期1985年10月7日

注意事项：

1. 本工程放线后，请通知北京市地质地形勘测处验线无误，方可施工。
2. 有关卫生消防等安全问题，应由你单位负责与有关主管部门，联系后方可施工。
3. 本许可证批准的各项内容及图纸非经我局同意不得变更。
4. 设计责任由设计单位负责。非正式设计单位设计的工程，设计责任由建设单位负责。
5. 施工责任由施工单位负责。非正式施工单位施工的工程，施工责任由建设单位负责。
6. 本许可证不发生证明产权之效力。
7. 本许可证有效期间按年度建筑任务有效期限为限。

补充事项：

39

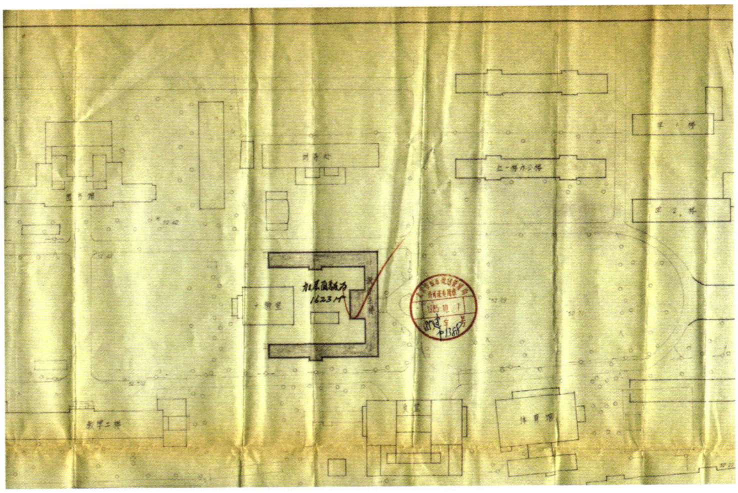

教学一楼加层建筑施工许可证及附图

档号：1992–JJ12–38.0018

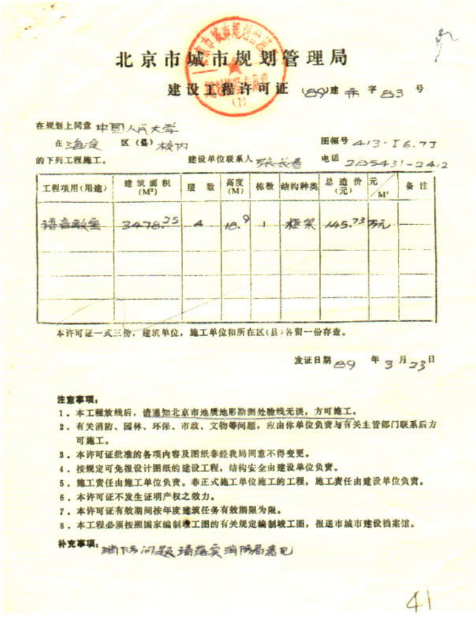

北京市城市规划管理局

建设工程许可证 （89）建市字83号

在规划上同意中国人民大学

在海淀 区（县）校内 图幅号413-Ⅰ6.7J

的下列工程施工。 建设单位联系人张长寿 电话285431-2412

工程项用（用途）	建筑面积（M²）	层数	高度（M）	栋数	结构种类	总造价（元）	元/M²	备注
语音教室	3478.25	4	18.9	1	框架	145.73万元		

本许可证一式三份，建筑单位，施工单位和所在区（县）各留一份存查。

发证日期89年3月23日

注意事项：

1. 本工程放线后，请通知北京市地质地形勘测处验线无误，方可施工。
2. 有关消防、园林、环保、市政、文物等问题，应由你单位负责与有关主管部门联系后方可施工。
3. 本许可证批准的各项内容及图纸非经我局同意不得变更。
4. 按规定可免报设计图纸的建设工程，结构安全由建设单位负责。
5. 施工责任由施工单位负责。非正式施工单位施工的工程，施工责任由建设单位负责。
6. 本许可证不发生证明产权之效力。
7. 本许可证有效期间按年度建筑任务有效期限为限。
8. 本工程必须按照国家编制竣工图的有关规定编制竣工图，报送市城市建设档案馆。

补充事项：消防问题请落实消防局意见

41

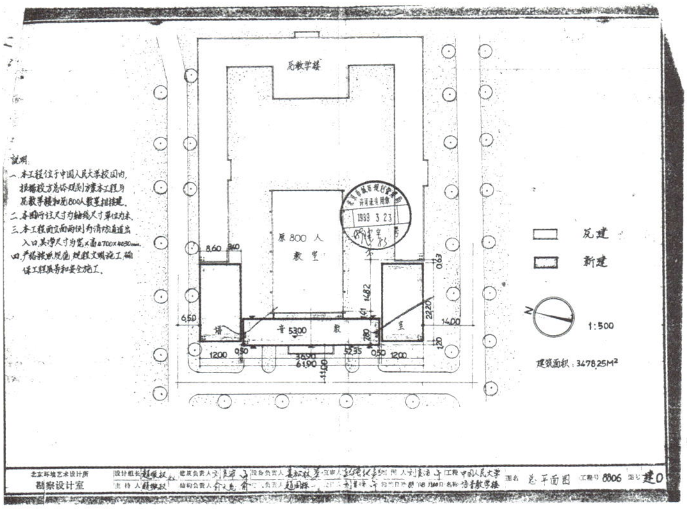

语音教室建设工程许可证及附图

档号：1992–JJ12–38.0019

（曾蒙田）

第一代图书馆

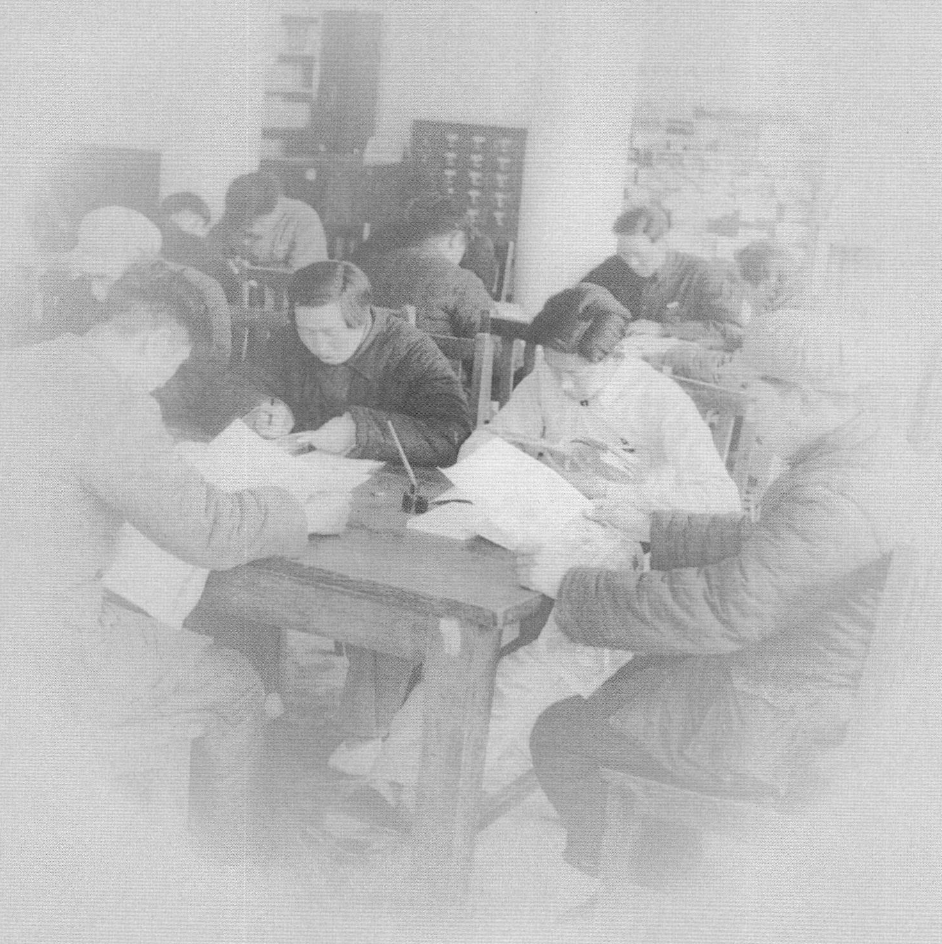

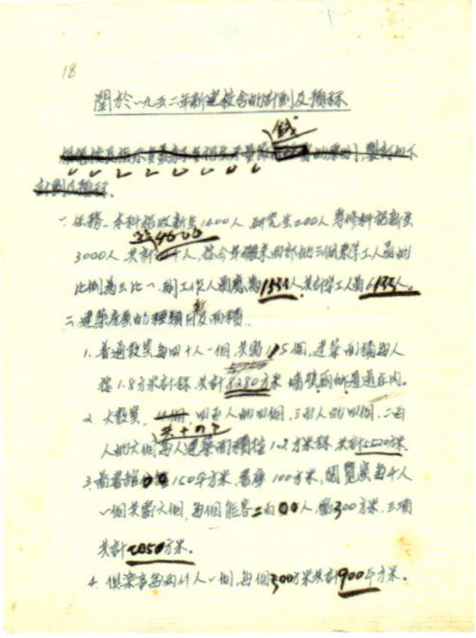

關於一九五二年新建校舍的計劃及預算

修建处《关于一九五二年新建校舍的计划及预算》底稿

档号：1952–XZ14–3.0018

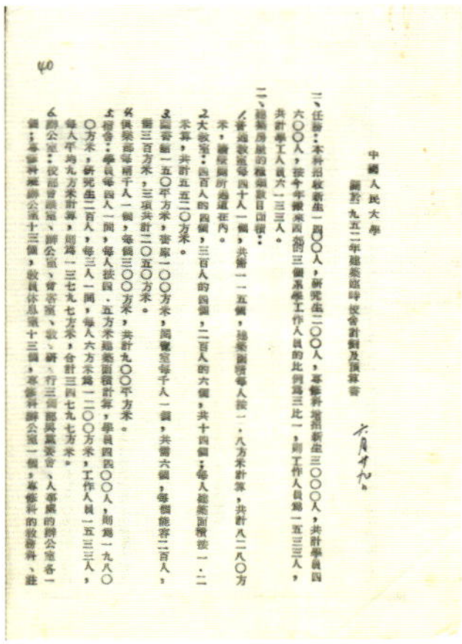

中國人民大學

關於一九五二年建築臨時校舍計劃及預算書

一、任務：本年招收新生一四〇〇人，研究生二〇〇人，專修科增招新生三〇〇〇人，共計學員四六〇〇人，按今年擬來西郊的三個系學工作人員的比例為三比一，則工作人員為一五三三人，共計學工人員六一三三人。

二、建築房屋的種類數目面積：

1.普通教室每四十人一個，共需一一五個，建築面積每人按一．八方米計算，共計八二八〇方米，牆壁與走道在內。

2.大教室：四百人的四個，三百人的四個，二百人的六個，共十四個；每人建築面積按一．二米算，共計五五二〇方米。

3.圖書館一五〇平方米，書庫一〇〇方米，閱覽室每千人一個，共需六個，每個能容二百人，需三百方米，三項共計二〇五〇方米。

4.俱樂部每千人一個，每個三〇〇方米，共計九〇〇平方米。

5.宿舍：學員每四人一間，每人按四．五方米建築面積計算，學員四六〇〇人，則需一九八〇〇方米，研究生二百人，每三人一間，每人六方米需一二〇〇方米，工作人員一五三三人，每人平均九方米計算，則需一三七九七方米，合計三四七九七方米。

6.辦公室：校部會議室、辦公室、會客室、教、研、行三個部與黨委會、人事處的辦公室各一個；專修科辦公室十三個，教員休息室十三個，專修科辦公室一個，本修科的教務科、註

关于1952年建筑临时校舍计划及预算书

档号：1952–XZ14–3.0005

随着中国人民大学新图书馆，也就是第四代图书馆于2011年投入使用，第一代图书馆越来越鲜为人知了。其实，中国人民大学第一代图书馆就是现在的学生活动中心。

中国人民大学的前身华北大学进北京后，图书馆主馆设立在东城区铁狮子胡同1号，并在棉花胡同、马大人胡同、海运仓等校址设分馆。1949年12月，政务院发文成立中国人民大学后，学校图书馆的藏书大量增加。1950年9月，政务院同意中国人民大学在西郊选址建设校舍。图书馆作为校舍建设中的一部分，列入了第一批建设计划当中。

西郊新校区建设的具体实施部门——中国人民大学修建处对包括图书馆在内的校舍建设都作了详细规划。修建处在初次规划中提出要建设“图书馆[①] 100平方米，阅览室三个，每个200平方米，共600平方米，三项共计700平方米”。因当年本科生、研究生、专修生人数都超出了计划，在馆藏档案《关于一九五二年新建校舍的计划及预算》中记载，修建处经过多次讨论和修改，最终将所建面积确定为“图书馆150平方米，书库100方米，阅览室每千人一个，共需六个，每个能容二百人，需300方米，三项共计2050方米”，并提交学校审批。

查阅学校行政会议记录，在1951年6月28日第四十次校行政会议记录中记载：第一条讨论关于一九五二年新增学生建筑校舍问题，“胡副校长报告了中央批准我校的一九五二年新增学生与建校房子计划书的请示后，刘一心关于新建房舍的具体计划及预算作了说明，经讨论后一致同意此计划，并应即将此计划、预算书送呈中央教育部请示审核批准，以便早日着手进行”。

按此计划，图书馆随即开始建设，1952年11月落成。当时正值建国初期，中国建筑设计队伍还未真正成长起来，模仿苏联模式的做法表现得比较明显，这段时期在中

① 档案原文如此，此处似指图书馆办公及接待场所。

国新建高校当中留下了大量的苏式建筑。典型苏式建筑有两大特点：一是左右呈中轴对称，平面规矩，中间高两边低，主楼高耸，回廊宽缓伸展；二是有三段式结构，三段指的是檐部、墙身、勒脚三个部分。第一代图书馆就是一座典型的苏式建筑，它具有一个长方体构架，整体为1～2层砖木结构，是学校目前保存最为完整的平房建筑。这栋房屋历经数次扩建、改建，1992年第三代图书馆投入使用后，学校决定将这里改为“学生活动中心”。

第一代图书馆落成后为读者开放两个自习室，一个参考书阅览室，一个期刊阅览室。参考书阅览室主要入藏各专业教师提供的教学参考用书，专业参考书按课程章节排列，学生使用起来非常方便。

第一代图书馆的落成不仅给学生的学习带来了便利，而且激发了图书馆工作人员的工作热情。在一份1952年年底工作总结报告中，有位工作人员这样写道：“搬到新馆，由于环境的改变给工作造成了许多便利条件，以前出纳台小，借书人拥挤，教材书没有书架，不能整理，阅览室太小，容纳不了多少人，杂志报纸容易撕坏等，到新馆后这些问题没有了，主要的问题是如何布置得更适当……”这位工作人员用最简单、最朴实的语言记录下了当时图书馆的新变化。

历经六十多年，第一代图书馆见证了人大师生的勤勉与拼搏，亲历学校的沧桑与巨变。如今，第一代图书馆以“学生活动中心”的面貌继续矗立在校园，作为学校命名组建初期的一个缩影，在厚重的历史积淀下，仍然令每一位人大人肃然起敬。

（王芳）

13

第四十次校行政會議記錄

時間：六月廿八日。
出席：胡錫奎、成仿吾、聶子元、李 新、尹 達、鮑建章、劉一心。
列席：丁再暘、何戊双、陳洽卿。
缺席：吳玉章、李培之、何幹之、謝 飛。
主席：胡錫奎。
記錄：戈 平。
討論事項：
一、關於一九五二年新增學生與建築校舍問題：
胡副校長報告了中央批准我校的一九五二年新增學生與建築房子計劃的請示後，劉一心同志關於新建房舍的具體計劃及預算（本科新生一四〇〇人，研究生二〇〇人，專修科三〇〇〇人，工作人員一五三三人共為六一三三人，在節省經費的原則下，蓋那下房子，共需用三五〇億人民幣的建築費。但土地收購及西郊醫院所需房子的費用，尚未包括在此預算數字之內）作了說明，經討論後一致同意此一計劃，并趕即將此計劃、預算書，送呈中央教育部請示審核批准，以便早日着手進行。
二、暑期翻譯學習問題：
原擬暑期中，全體翻譯同志，集中學習提高業務的計劃。因已規定七月起全校進行整風學習，故此計劃，即行停止，但可於八月份休假後，翻譯室與各教研室可分別組織工作檢查總結的會

議，以提高工作認識與質量。
三、其他：
(1)下學年度成立新校部問題，決定組織籌備委員會，由成副校長、聶子元、李 新、尹 達、丁再暘等五人負責，即行擬訂計劃，爭取於下次行政會議上討論。
(2)下學年研究生的招收計劃，根據教育部最近分配來的材料，二〇〇人的任務，很無把握，決定由研究生招收委員會設法在不能完成任務的情況下，即行計劃自己解決，設法在各地招收。並教育部撥給之一五〇人研究生一年制學習，可由成副校長與高教司面商，一律改爲二年，以便利教學。

第四十次校行政会议记录
档号：1951–XZ11–XB–12.0013

第一代图书馆

第一代图书馆今为学生活动中心

“高等学校的榜样”

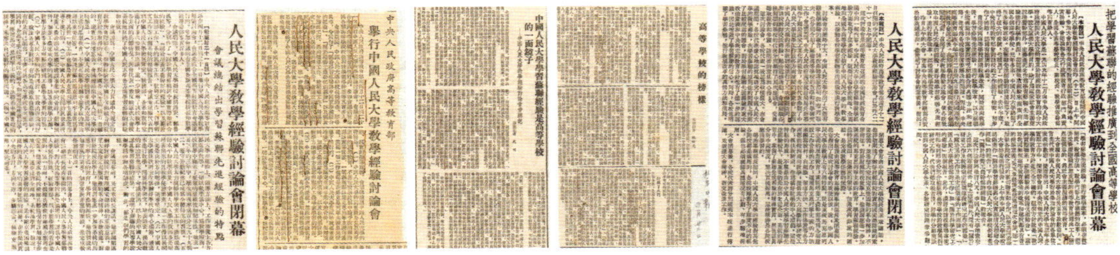

人民大學教學經驗討論會閉幕

會議總結出學習蘇聯先進經驗的特點

中央人民政府高等教育部

舉行中國人民大學教學經驗討論會

中國人民大學學習蘇聯經驗是高等學校的一面鏡子

高等學校的榜樣

人民大學教學經驗討論會閉幕

把學習蘇聯的經驗推廣到全國高等學校

人民大學教學經驗討論會閉幕

关于中国人民大学教学经验讨论会的报道

档号：1954-XZ11-XB-12.0005

1953年11月，为了深入了解人民大学的办学情况，高等教育部会同中央政法委员会、北京市委，共同组织了二十多人的“中国人民大学工作检查组”，由黄松龄副部长带队，历时三周，对人民大学相关工作进行了检查。检查组认为人民大学在贯彻中央所规定的“教学与实际联系，苏联经验与中国情况相结合”的教育方针上“是坚决的”，“克服了种种困难”，取得了一定成绩。由此，将中国人民大学作为学习苏联先进经验、进行教学改革的典型，召开一次教学经验讨论会，充分借鉴中国人民大学学习苏联的经验显得尤为必要。

1954年1月20日，中央人民政府高等教育部决定召开“中国人民大学教学经验讨论会”，系统介绍中国人民大学学习苏联教学工作的经验并加以讨论和推广。4月12日至21日，会议在北京召开，为期10天。全国财经、政法、综合、工、农、医、师范等类共101所高等学校的校长、副校长或教务长，各大区的高等教育局，中共中央与华北、华东、中南、东北、西北五大区的宣传部和中央各业务部门的领导干部共约500人参加了讨论会。高等教育部副部长黄松龄主持会议，并致开幕词，高等教育部副部长杨秀峰致闭幕词。新中国成立以来，召开一次如此高规格的会议，专门对一所高等学校的办学经验进行讨论和总结，并加以推广，这是绝无仅有的，也是空前绝后的。中国人民大学在全国高教界的重要地位和影响由此得到了充分的体现。

1954年6月中央人民政府高等教育部高等教育通讯编辑

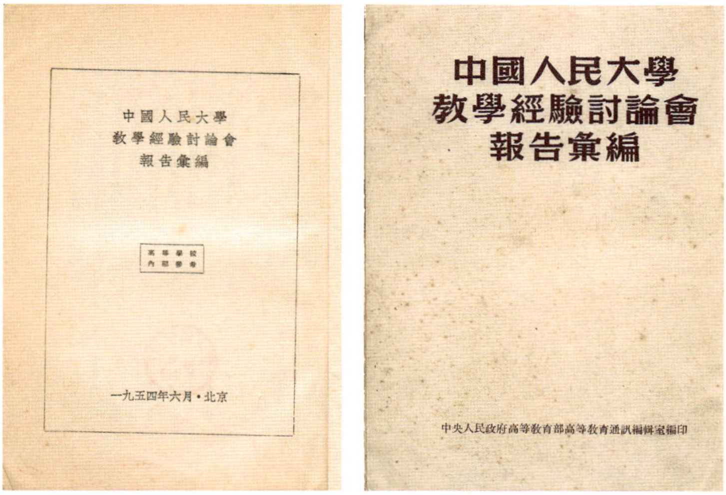

《中国人民大学教学经验讨论会报告汇编》，1954年6月
档号：1954–ZL1302–2

室编印的《中国人民大学教学经验讨论会报告汇编》，完整收录了会议开幕词、闭幕词以及人民大学有关负责人作的各方面工作报告，比较全面地展现了当时会议的盛况。

副校长胡锡奎作了中国人民大学学习苏联经验的总结报告。创办中国人民大学，“其目的与任务是为了创办一个以苏联高等学校为榜样的适合于中国建设需要的社会主义性质的大学，以便正确而有效地学习苏联先进的科学技术与社会主义建设的经验以及苏联高等教育建设的理论与实际，培养出以科学的社会主义知识武装起来的忠实于党和国家事业的财经、政法及俄文等方面的专门人才与高等学校马克思列宁主义的师资”。为贯彻“教学与实际联系，苏联经验与中国情况相结合”的教育方针，学校做了大量准备工作，进行必要的思想动员，抽调干部和知识分子分配到教研室，采取“边学边教”与组织研究生学习两种方法同时并进，在苏联专家指导和帮助之下培养人才，并成立俄文专修班积极培养翻译人才。建立科学指导员制度，“凡聘用苏联专家的教研室，都由学校指定苏联专家为科学指导员，负责培养师资，给教师及研究生讲课、辅导，编写教学大纲与教材讲义，指导科学研究及其他有关

中国人民大学教学经验讨论会与会人员合影

學經驗討論會
1954.4.21.

教学方法制度等工作”。与有关业务部门建立联系，“把教师有意识地组织到厂矿、企业部门中去搜集材料、发现问题、参加业务部门的专业会议、与企业机关建立研究小组”，并组织生产实习，进一步加强科学与生产的结合。为切实贯彻教育方针，学校着重抓好制订教学计划、编写教学大纲与教材、开展科学研究工作、教学组织与领导等主要环节，取得了比较明显的效果。

副校长邹鲁风作了中国人民大学培养工农干部经验的总结报告。中国人民大学从成立之初，根据党中央和中央人民政府的指示，坚持贯彻培养工农干部的方针。这些工农干部政治觉悟高，有革命斗争或生产斗争经验，学习容易联系实际，但他们文化水平低，缺乏学习的习惯和方法，而且年龄偏大，部分人生活或思想上有负担。学校根据学生的情况开展工农干部文化补习教育，文化课按照不同程度编班，使用的教学大纲、教材尽量适合于学生水平及其学习发展的规律，对教师的教学态度和教学方法也提出相应要求。

教务部副部长李新作了中国人民大学教务部工作的报告，详细介绍了教务部工作条例、组织机构和工作方法。

外交系主任何戊双、贸易系主任马乃庶分别介绍了中国人民大学系主任的工作。中国人民大学的系，是在校长直接领导下的教学行政单位，它是由各有关学科的教研室和各年级的学生组成的。“每个系都包括了一个或两个以上的专业，必要时专业再分为两个以上的专门化。”系主任领导系的全面工作，并由副系主任辅助工作。

辩证唯物论与历史唯物论教研室主任齐一作了中国人民大学政治理论教研室的工作报告。政治理论教研室包括马克思列宁主义教研室、中国革命史教研室、政治经济学教研室、辩证唯物论与历史唯物论教研室，直接受学校的领导，各教研室又是紧密联系的，共同组织政治理论课的教学，组织科学研究工作，培养研究生，帮助其他业务教研室的教师贯彻马列主义，密切配合教学与科研做好资料工作。

研究部副部长张腾霄作了中国人民大学培养研究生的工作报告。中国人民大学成立以来，学校对于研究生培养的质量和要求是逐步提高的。创办初期学校只有五十多个教师，在这种情况下就不能完全采取苏联培养研究生的办法，而是必须采取过渡的办法，也就是在短期内培养出一批新的教师。一方面适当地吸收苏联培养研究生的经验，另一方面照顾培养这种研究生的特点，主要是政治理论课和专业课结合，在学习方法上是系统的理论讲授结合研究生的自学。张腾霄副部长在会上还总结了中国人民大学科学研究工作的经验，指出科学研究必须结合实际需要，苏联经验与中国情况相结合，要系统、规划地组织和领导。

高教部黄松龄副部长在开幕词中高度评价了中国人民大学命名组建以来取得的成绩：一是积累了一些学习苏联先进经验与中国实际情况相结合、理论与实际相结合的具体经验和做法，可供其他高等学校参考；二是编译了许多教材，帮助很多高等学校解决了一些教学中的困难；三是培养了大量师资，不仅为本校培养了几百名新师资，还为外校培养了很多研究生及进修教师，增强了很多高等学校的教师力量。

高教部杨秀峰副部长总结了人民大学的六大特点，要求其他高校向人民大学学习。这六大特点是：

（一）重视马克思列宁主义的思想教育。

（二）着重培养工农干部成为国家各项建设事业中的骨干。

（三）运用马克思列宁主义的立场、观点、方法来编写教材。

（四）一切以教学为中心，为教学服务。

（五）重视科研工作，以提高教师水平和教学质量。

（六）通过教研室这个办校的中心环节来进行教学、科研、培养师资。

杨秀峰副部长还阐发了通过这次会议得到的两点体会：一是典型示范是重要的领导方法，抓住重点学校，培养典型；二是解放初期在诸多方面对于苏联经验的引进、学习、尝试，在一定程度上尤其是高等教育办学思路上取得了很大的成绩。

此次讨论会在新中国高等教育史上意义非凡，当时各大报纸纷纷对此作了详细报道。《光明日报》和《北京日报》分别发表了题为《高等学校的榜样》和《中国人民大学学习苏联经验是高等学校的一面镜子》的文章。中国人民大学创办仅仅四年，以培养新中国建设人才为己任，贯彻落实党确立的办学方针，在教学、科研、管理等方面都取得了开创性成就，的确无愧于“高等学校的榜样”这一称号！

（胡莹）

图录

图书在版编目（CIP）数据

人大·档案·记忆. 第一辑 / 中国人民大学档案馆编. —北京：中国人民大学出版社，2017.9
ISBN 978-7-300-24968-1

Ⅰ.①人… Ⅱ.①中… Ⅲ.①中国人民大学-校史 Ⅳ.①G649.281

中国版本图书馆 CIP 数据核字（2017）第221524号

人大·档案·记忆
第一辑
中国人民大学档案馆　编
Renda · Dang'an · Jiyi

出版发行	中国人民大学出版社		
社　　址	北京中关村大街31号	邮政编码	100080
电　　话	010-62511242（总编室）		010-62511770（质管部）
	010-82501766（邮购部）		010-62514148（门市部）
	010-62515195（发行公司）		010-62515275（盗版举报）
网　　址	http:// www. crup. com. cn		
	http:// www. ttrnet. com（人大教研网）		
经　　销	新华书店		
印　　刷	北京瑞禾彩色印刷有限公司		
规　　格	185 mm × 260 mm　16开本	版　　次	2017 年 9 月第 1 版
印　　张	8.25　插页2	印　　次	2017 年 9 月第 1 次印刷
字　　数	140 000	定　　价	98.00 元